王の道

The Road
of
the King

〝王貞治〟を演じ切るということ

飯田絵美

◆推薦の言葉◆

飯田絵美さんは、
私がホークス監督として初めての日本一になる、
チームの胎動期から今に至る、
プロ野球人としての「王貞治」をよく知る
スポーツジャーナリストのお一人です。

王貞治

ブックデザイン――杉山久（ライラック）
写真提供：Getty Images／アフロ

「王の道」目次

第2章　人を変えるリーダーとしての技術

第3章 人を動かす「あり方」の哲学

第4章 最高のライバル「ひまわりと月見草」が見た真実

第5章 王の道

プロローグ

人は完成されて生まれない。自分の役割をどう捉えて生きるかで、人生は変わる

〝王貞治〟という役割

「王貞治をやるのも、けっこう、大変なんだよ」

福岡のお気に入りの日本料理店のカウンターに腰かけた王は、ビールと美味《おい》しい料理を笑顔で勧めながら、ちょっと早口で、そう漏らした。2006年の夏。ガンの発表を行う1週間前のことだった。その言葉に驚いてのぞき込んだ王の笑みには悲壮感はなく、ただ覚悟を決めた男にだけ許された慈愛に満ちていた。

生まれついての「聖人君子」「人格者」など、どこにもいない。王は、彼自身の生まれ育った環境によって、そうなることを余儀《よぎ》なくされた。

そして与えられた状況の中で、王は「自分の役割」を考え、それを行動に変えて、丹念に積み重ねてきた。「あるべき自分」の役割に、不自由さや窮屈《きゅうくつ》さを感じたこともあったはずだ。だが自ら苦難に飛び込み、時を経た今、いつしか自然と自分の血となり肉となったのではないか。

私は王と接した10年間の取材を通して、次第にそう感じるようになった。自分の使命として、誇りを持って、やりがいを感じながら「リーダー＝王貞治」を演じてきたと信じている。

「王貞治」――その名から連想されるのはどのようなイメージだろうか？　世代によって大きく変わるものの、その「偉大さ」に異論を挟む人は少ないだろう。本塁打の世界記録保持者。野球の世界大会『ワールド・ベースボール・クラシック』（WBC）の初代優勝監督。当代のスター選手でメジャーリーグ、マリナーズのイチローからも尊敬される野球人。その人格においても「誠実」「努力の人」「聖人君子」のイメージが強い。

王本人、そして彼をよく知る人たちへの10年の取材を通してわかったことがある。

王は「王貞治」という役割を一つひとつ、一生懸命にやってきたのだと。そしてその「一つひとつ」の中には多くの人が学べることが多いのだということだ。

選手としての偉大さは、もちろんある。

しかしそれ以上に、王は「人を変える」。万年Bクラスのホークスを優勝させるほどに。王は「人を動かす」。イチローを叫ばせ、選手に「胴上げしたい」と切望させるほどに。それは王の「一つひとつ」の行動、言葉に秘密がある。

本書ではその秘密を読み解き、「人を変える人」「人を動かす人」へのヒントを示すとともに、今の日本で失われて久しい「日本人の父性力」の体現者である王貞治の「個性」を明らかにしたい。

栄光と神話の裏にあるもの

誰もが認める国民的な英雄。プロ入りしたのは1959年。それから50年間、ずっと王はスターであり、英雄であり、超一流の存在だと呼ばれてきた。

娯楽と言えばテレビ。テレビと言えば野球中継。野球と言えば巨人。王がプロ野球選手として活躍した1960~70年代は、まぎれもなく、野球全盛期だった。夜になれば茶の間で家族がそろって野球中継を見ることは、平均的な日本人のごく当たり前の風景。そんな時代に王は少年の憧れの的である巨人へプロ入り。巨人黄金時代である1965年から1973年まで連続9度の日本一という『V9』(VICTORY9)の立役者は、4番打者である王と、もう一人の偉大な選手、長嶋茂雄であることに異論がある人はいないだろう。

我が家でも、夕食時にはテレビで野球の中継を見るのが習慣であり、生活の一部だった。ほかのチャンネルを見るという選択肢がないほど、野球が日常だったとき、そこにはヒーローがいた。

王が756本の本塁打を放ち、米国メジャーリーグの大打者ハンク・アーロンの記録を抜いて、世界記録を打ち立てたのは1977年。元バレーボール選手で大のスポーツ好きの父、野球少年の兄という家庭で育った私は当時7歳の小学2年生だった。毎晩のようにテレビに大写しされる男の人を見ていた。

「ヒーロー」といわれる存在を私が感じたのは、たぶん王が初めてだったと思う。同級生の男子たちが「きのうも出なかったね」「いつ決まるのかな」と前夜の試合で本塁打が出なかった（打てなかった）王に、やきもきしているのを聞いていた。同級生たちは教室内で、学校のグラウンドで、一本足打法を真似していた。

756号を打った瞬間。闇夜に、煌々《こうこう》と輝く『756号』の電飾掲示板をぼんやりと覚えている。両手を高々と上げて塁を駆ける姿が、お菓子のグリコの絵に似ている、と思った記憶がある。翌日、お気に入りの文房具店へ行くと756号記念の缶ペンケース（ブリキ製の筆箱）や記念下敷きが売られていた。

ピンク・レディーが『サウスポー』という歌で王について歌い、大ヒットした。その振り付けを真似た。兄が買ってきた『王貞治物語』（大島やすいち／小学館）という本を読んだ。これが当時の日本の平均的な子供だったのだと思う。

自分とは無縁な「雲の上の人」？

わき返る国民の喜びに後押しされるようにして1977年、王は『国民栄誉賞』の栄えある1号に選ばれた。この賞は、王の偉業を称えるために時の内閣・福田赳夫首相らが創設したともいわれている。

生涯で放った本塁打数は８６８本。２位の野村克也の６５７本に大きく水をあける偉大な記録だ。現役引退した１９８０年から、すでに29年が経つが、いまだに破られていない。恩師であり、巨人のコーチだった荒川博から打撃指導を受けて、フラミンゴのように一本足で立つ「一本足打法」をあみだしたのは１９６２年。和室で仁王立ちしている荒川の隣で、無心にバットを振る姿、天井から白い半紙をぶら下げて日本刀をバットに見立てて紙を切る。その姿はサムライか修行僧のようで、「常人とは異なる求道者」というイメージができ上がっていく。

50代以上の男性と野球談義をすると、「王さんはすごい人だ。でも、やはりオレは長嶋が好きだ」という人が多い。『記憶の長嶋、記録の王』とたとえられた。「結果や数字では王が上回っているが、記憶に残るプレーヤーは長嶋なのだ」というのが彼らの一致した意見である。

「長嶋さんは明るくて華やか。そして朗らか。本当にプレーが華麗で格好良かった」というのだ。一方で、王の尋常ではない練習量は、まるで修行僧や求道者のような厳しさを感じたという。

本塁打を決めて野球場全体が熱気に満ち溢れているときも、優勝して歓喜と興奮の絶頂のときも、発するコメントは真面目で、謙遜《けんそん》した言葉ばかり。

「王さんはすごいよ。あんなすさまじい努力はふつうできない。その上、結果も出した。性格も真面目なんだろうな。自分にはマネできない」

どこかよそよそしさが漂《ただよ》う「雲の上の人」として扱う人が多かった。王を取材していた記者の中にも、「じつは長嶋派」と言う人が何人もいた。

巨人の4番打者として君臨。756号のホームランを放ち、世界ナンバー1になった。その功績が認められ、1977年9月5日、37歳の若さで国民栄誉賞を受賞。監督になってからも巨人、ダイエーで優勝。そして日本代表監督として、WBCで世界一に。

現在の30代以上の世代が少年雑誌などで読んでいた『王貞治物語』によると、毎晩試合後も寝ないで部屋で素振りをし、たたみがすり切れたという。

実績も逸話も王のイメージは確立されている。「真面目」「努力家」「すごい人」。野球の神様であり、人としての徳の高さでも有名だ。

だが「あの人は天才だから」「何をやってもすごい人」と別格扱いし過ぎていないだろうか。その言葉には「自分はとうてい真似できない」、「すごい人だから、きっと凡人の気持ちなんて理解できないだろう」「自分とは世界が違う」と王と自分を切り離してしまう作用がある。

若い世代が「理想の上司」と思う理由

不思議だった。長嶋の現役選手時代を知らない世代の著者にとって、「ヒーロー＝王」である。巨人の助監督・監督時代に学生時代を過ごし、スポーツ新聞記者になったときには、王はダイエーホークスで監督をしていた。ヒーローに直接会った日の興奮は、今でも頭に映像のように残っている。あの場所、天候、空気は、今でもハッキリと大切な記憶として刻まれている。

取材を通じて直接話をする機会が増えるにつれ、年上の世代が持つ「真面目で堅物《かたぶつ》な王」というイメージに、私は小さな違和感を持つようになった。

王は堅物ではなかった。彼はグラウンドでとても明るく感じよく対応してくれた。一緒に酒を飲むと、いつもは見せない内面―激しい感情―を見せてくれたことが何度もあった。喜怒哀楽をはっきり出す明るくて温かな人柄だ。世代が異なると、感覚が違うのだろうか……。その答が出たのは数年前、同世代の知り合いと話していたときだった。彼はこう言ったのだ。

「王さんみたいな人が、自分の上司だったらいいのに」

なぜかと問うと、巨人時代は完ぺき主義者に見えて、「すごいけど、どこかとっつきにくそうな人」だったが、ダイエーの監督に就任後、なかなか結果が出ずに苦労したことで、親近感がわいたのだという。

選手時代はやるのは自分。やらないのも自分。常に自らの努力で一番、一流であり続けた男が、チームや選手という組織を前にして、自己流が通用せずもがいた姿は、泥臭くて人間味を感じさせた。

そんな中でも優勝という目標を掲げ、少しずつ自分を変化させて、優勝を達成したときには選手と一緒に喜んでいた。喜怒哀楽を分かち合う指揮官を見ているうちに、こんな人と働きたい、指導してもらいたいという「理想の上司」としてイメージされたのだろう。

30代より下の世代になると、さらに「リーダー」としての印象が強いらしい。彼らは王の現役時代、巨人監督時代を知らない。現在30歳の人は、王が756号を達成したとき、まだ生まれていないのだから当たり前かもしれない。彼らにとって王はダイエーの監督、ソフトバンクの監督、WBCの監督なのだ。

そうなのだ。世代による王への印象の違いは、ダイエー監督に就任した1995年を境にして大きく変化する。巨人時代の印象が強い年上世代には、「努力の天才であり、真面目な聖人君子」として映っている。巨人からダイエーへ、東京から福岡へ、セ・リーグからパ・リーグへ。大きくギアチェンジした以降のみを知る世代にとって、彼は「苦悩しながら栄光をつかんだリーダー」なのだ。

この方向転換は、王に大きな環境の変化をもたらした。そして次第に王の内面にも改革を起こし、王は進化していったのだ。私は王の姿を通して、「人間味あふれる存在」「理想のリーダー像」とはどんなものなのか、伝えたい。

「私は、自分が伝説にふさわしい人、神話にふさわしい人になるよりは、いつまでも生身の王貞治でありたいと思う。自分自身のことは自分が一番よく知っているからだ」

王が選手を引退した直後、自伝『回想』（勁文社）で記したように、等身大の王貞治を伝えたい。

「栄光以上の挫折」から学んだ人間

『王貞治』という存在を10年間、見続けて「天才と安易に言ってはいけない。彼は努力を継続できる天才なのだ」と思うようになった。

「あの人は特別。自分はあんなに努力はできない」と雲の上の人のように扱うのは、あまりに見当違いかもしれない。それは自らの努力を放棄する単なる言い訳にしか過ぎないように思える。一人の男が、自らや組織の目標を達成するため、常に考えて動いてきたことを忘れてはいけない。

たしかに、王の野球人生は数しれない栄光に彩られている。

さらに「王が人の悪口を言うのを聞いたことがない」「素晴らしい人格者」。誰に対しても思いやりある対応をする人間性の高さによって、『神格化』が進んだ。いつしか天才打者は、誰もが真似できない孤高の人、雲の上の人になっていた。「いい人らしいけど、なんかすごい人過ぎて親近感が持てない」。記録も人間性も卓越した結果、遠い存在になった。

しかし、実際の王の人生は、多くの挫折や困難にぶつかってきた。王は超人ではない。

相手への感謝と自分への強烈な誇りを胸に持ち続け、豊かな好奇心を携えて、苦しいときを乗り越えてきたのだ。

２００８年秋、王貞治がユニホームを脱いだ。チームは12年ぶりの最下位になった。決して〝引き際の美学〟を演じたのではない。「いかに格好良く、自分がグラウンドを去れるか」「自分の球歴に傷をつけたくない」というエゴでもなかっただろう。「今、チームを立て直すには、何が必要なのか」という王が持つ独特の〝客観的な視点〟から、自らを切ることを選択したのだと思う。新たな監督のもと、新鮮な空気に入れ替えることがチームにとって、より良い選択だと思い至ったのだろう。

「自分を信じ、誇りを忘れない」
「相手や社会に役立つ道を探す」
「常に目標と夢に向かってまい進する」
「客観的な視野で物事を見つめる」
「努力と使命感が己を作ると知っている」
「人や物事の明るい面を見つける」
「好奇心を持ち、変化や痛みから逃げない」

「愛情と厳しさで他者の成長を促す」

それが王貞治の生き様である。プロ野球という過酷な競争の世界で、50年も現場に生きてきた本物のプロである。

どの世界でも、どの職業でも〝プロ〟になることが求められる。プロになるためには、どんなものであれ、世の中にあふれる〝一流、上質〟を体験することである。一流の人、一流の品物、一流の考え方、一流の対応、一流の空間。分不相応に背伸びをする必要はないが、「いつもより少し背伸びして、ワンランク上の体験をする」。これでこそ、人の感性は磨かれていく。

我々にとって王貞治は超一流のプロである。しかし〝超一流〟なのは、記録や数字という結果だけではない。「挫折し、そこから多くを学び、実践した」ことにおいてである。この本では、「王貞治という超一流の挫折者」に触れてほしいと思う。

そして、「王さんにできたのなら、自分も何か取り入れてみよう」。そう思ってくれると嬉しい。尊敬し理想や憧れの思いの先に、「いつか自分も……」と目指す目標へと変わっていってほしい。

第1章 The Road of *the* King

逆境から学んだからこそ「王」

1

ルーツ――苦しさを知る者の優しさ

逆境で学んだ「誇り」と「思いやり」

選手として人気チームに入り、世界記録を打ち立て、ホークスで常勝軍団を育てた。そしてＷＢＣ優勝。惜しまれつつ監督引退……。実績は綺羅星《きらぼし》のように輝く。巨人監督やダイエー監督の数年間で苦労した事実などは、ほんの〝スパイス〟に見えるかもしれない。だが王が抱えてきた闇は、深い。

「王さんはゼロからのスタート、マイナスからのスタートが好き。安定をいやがる」と担当記者が口をそろえる。「オレは逆境に強いんだ」と王も認めている。それほど、平坦ではない道を歩んできた。

現役選手時代、プロ入り後の数年は、打席に立つと容赦ない言葉がスタンドから飛び込んできた。中国人を表す差別の言葉だった。傷ついた。

王は中国出身の父・仕福と、日本人の母・登美の間に生まれた。当時の中国の政治状況もあって、日本で生活するには台湾（中華民国）国籍の方が生活しやすいこともあり、台湾国籍を取得した。王は現在も台湾国籍のままである。

東京の早実高校時代、エース投手として優勝に貢献したが、国籍の壁に阻まれてチームで一人、国体（国民体育大会）には出場できなかった。中国人や朝鮮人への差別が根強かった時代に育った。

2002年サッカーW杯が日韓共催となり、中国が経済的に台頭し、北京五輪を開催した。そんなアジアとの接点が増えた現在より、辛く苦しい時代があったのだ。

今、王は揺るぎない愛情を日本に感じている。WBCでの記者会見だった。「台湾国籍の人が日本の監督だが、あなたは日本人ですか？」と外国人記者がぶしつけで唐突な質問をしたとき、王は毅然《きぜん》と答えた。

「父は中国人だが、母は日本人です。私は生まれたときより日本で育ち、日本の教育を受け、野球というスポーツを覚えたのは今の自分の出身地。プロ野球人として人生を送った。国籍は関係ない。日本に生まれ育って、それ（日本人）以上の日本人でいると思っています」

それはどういう意味かと食い下がる記者にも、王にブレはなかった。

「日本に対する感謝の気持ちですね。756号があって、日本中が視線をくれて、応援してくれて…。日本がより良い国になってほしいし、これは中国に対しても台湾に対しても同じ気持ちです。ただ日本は今後も住む国だし、今はそう思っています」

金のためでなく、自国の旗のために、自分のためでなく、自分の国のために、戦う姿は偉大だ。その王も、国籍の上では日本人ではないのに国民栄誉賞を打診されたときには迷った。本当に頂いていいんだろうか……と。気持ちの切り替えをさせてくれたのはファンだった。

「喜んで頂こう。私個人が頂くものではなく、私を応援してくれたファンをはじめ、野球関係者全体がもらったもので、その代表が私なんだ」

756号という偉業は「国籍という垣根を取りのぞいてくれた」ファンの大歓声の後押しでつかんだと信じているからだ。

王と酒を酌《く》み交《か》わすうち、あるとき国籍の話になった。私が、

「国籍というよりも、自分の生まれた場所への思い入れがあります。海外で日の丸を見ると誇らしいし、日本語が聞こえると安心するんですよね」

海外留学や出張で感じた思い出を率直に話したとき、王はうなずいた。

「本当にそうだよね。祖国への思い、愛情というのかな、これは大切にしないと、いけないね」

国籍は記号である。生まれ育った土地、人々、文化、食べ物、思い出への愛着と敬意が、祖国愛になるのだ。国の事情ではなく、一人の人間として、国という枠を超えて、身近で愛する人とともに生きる。

シンプルかつ潔い考え。誰にも左右されない、利用されない。メジャーリーグで活躍した西武の投手、石井一久も「日本にいたときは、愛国心とか日本を思う気持ちはとくになかったけど、米国ではやっぱり〝オレは日本の代表で来ているんだ、日本人にみっともないところを見せられない〟と思った」と振り返った。

私が初めて王に会ったのは1999年2月、まだ寒さが残る高知での春季キャンプだった。小さい頃からテレビで見ていた、あの有名な太いふくらはぎを触らせてもらえないかと、緊張しながらも図々しい願いを申し出た。左手で触り、まるで凍ったカツオのように引き締まった筋肉の太さに感嘆していると、王は突然、こう言った。

「キミ、左利《ひだりき》きかあ。そうだよなあ、直すことなんて、もう必要ない時代だもんな」

左利きであることすら、右に矯正される時代があった。王が生きてきたのはもっと過酷な時代だった。差別――王は自分の痛みをきっかけに、相手の痛みを想像し、寄り添って生きてきた。

8年連続200安打を達成したイチローに、王がねぎらいの電話をかけてきた。米国は根底が白人至上主義であり、差別が歴然とある。その中で日本人が功績を残す難しさ、尊さをねぎらわれ、イチローは感動したという。

「〝その中で、日本人が誰もやったことのないことを打ち立てるということは、想像以上に難しいことだ〟と言ってもらえた。僕は本当に泣きそうになって、〝この人、すげえ〟と思ってね。ふつう、そこまでは想像できないんじゃないですか」

同世代で3000本安打を達成した強打者の張本勲に対しても、実力を認め合う仲間であると同時に、共通項を感じていたに違いない。張本は在日韓国人である。同じような差別や苦しみの時期を経てきたに違いない。それが二人の大打者に、誰にも負けたくないという強烈な負けん気を培わせることにつながった。

「やはり彼も国籍が違って、小さいとき、いろいろあったかもしれない。自分も言われたりしたけど、それが反骨心になって…というのもある。〝負けられない〟というね。この思いは張本のことではなくて、自分のことだから言ってもいいと思うけど……」

あくまで自分の考えであって、張本が同じ思いだとは限らない。でもオレには彼の痛みがわかる。言葉の奥には相手をそっと気遣う心配りが見えた。

痛みを味わってきたからこそ、相手の思いを想像する優しさが身についたのだろう。王は自らが叩き出した本塁打の世界記録を誇りに思いつつも、自身が抜いたかつての1位、メジャーリーグで活躍したハンク・アーロンに対しても、王ならではの繊細な感情を見せている。

「本塁打記録と言っても、同じ土俵でやってないんだから。それを単純に比較するのはおかしいよ。お互いにその場所で名前を残した。それでいいんだよ」

アーロンは黒人である。米国の歴史で、長い間、差別を受けてきた側の人間である。その彼がある意味で自分と同じように、差別が色濃く残る空気を吸いながら、身を削って築いた記録だ。同じ国で、同じ野球リーグで戦ってきたわけではない。だからこそ簡単に数字で割り切れない。アーロンの背負ってきた思いを理解できるからこそ、その記録に対して最大限の敬意を払っている。そう考えるのは行き過ぎだろうか。だがこれだけは確実に言える。繊細であるからこそ、傷つきやすいからこそ、人の痛みにも敏感なのだ。

「ウチの息子はお役に立てるでしょうか?」——父の教え

「国籍が違うことで、常に日本とは? 日本人とは? と考えてきた。自分はある意味、日本人よりも日本人らしいと言えるんじゃないかな? 親や目上の人を敬う、礼儀を尽くす、人を大事にするという日本人の良さを失ってはダメだよね」

中華料理を次々にたいらげながら、王が熱く語ったのは1999年の春だった。それから10年。王の思いは今も同じだ。10代の若い社会人が「尊敬する人物」の2位に王を選んだ、というある企業の調査結果を報告したときの反応は薄かったが、1位が両親だと知ると顔が輝いた。

「そうかあ、今の若い人がねえ。日本人の良さを忘れたりするのは悲しいけど、そうではない若い人がいると知って、安心したよ。ボクの考え方は昔の日本にいたカミナリオヤジの感覚だからね」

中国人の父、日本人の母、国籍は台湾、育ちは日本。すべての考えを融合させて調和し、自らをつくりあげてきた。国籍にしばられない生き方は、尊敬する父の姿を見てきたからだった。

「オマエは日本人じゃないんだ。みんなと仲良くしなさい」

小学生の頃から体が大きかった王が、ある日友達とけんかをして帰宅すると、父から、そう諭《さと》されたという。日本人から浮かないように意識しなければならなかった。悔しさをバネに変えた。

「結果さえ出せば、認めてもらえる。野球は結果だから、成績さえ残せば、誰にも文句は言われない」

見事な結果を残した現役選手を引退後、これまでできなかった家族サービスをしようと考えていた王に、次期監督の藤田元司が助監督を引き受けるように要請した。当時の巨人には、長嶋の監督退任と一緒に王まで現場を離れればチームの灯が消えるという危機感があった。

「人に迷惑をかけるな、人の役に立つことなら進んでやれ、お役に立ちなさい」

という父の言葉が、王の助監督就任を後押しした。

息子が父の愛を衆人環視のもとで見たのは、巨人への入団が決定した１９５８年の10月だった。新宿の自宅へ取材に来た多くの報道陣に、父・仕福は頭を下げながら、決して上手ではない日本語で尋ねて回っていた。

「ウチの息子はお役に立てるでしょうか？」

貧しく無学で、中国から身一つで渡り、必死で生きてきた仕福は、息子が巨人の役に立てるかを案じていたのだ。華々しい活躍をして現役選手からの引退を発表する朝も、父は同じ言葉を発したという。「お役に立ててよかったな」。息子にとって最高の勲章になった。この言葉が王の行動を今も支えている。

「サインは5秒とかからない。それでこんなに喜んでくれるのなら、時間の許す限り、サイン会をやりたい」

ある年のホークスの春季キャンプで、21日間の日程のうち19日間も、練習後の午後3時から30分はサイン会を行った。「オレがサインをした方が、選手は練習に集中できるだろ」と言いながら計４０００枚をこなした。グラウンドや宿舎への移動の際も通路に張られたロープまで行ってサインをする。こんな監督は他に見たことがない。

ガン手術後も、座ってやり続けた。そんな指揮官の横を通って、選手は宿舎に帰るバスには乗れない。自然と選手間にも〝ファンサービス〟の意識が確立された。小久保裕紀や工藤公康（横浜）が巨人へ移籍したとき、巨人選手や担当記者を驚かせたのが、サインに時間を割くことだった。人＝ファンの役に立て、という意識は選手に伝授されている。

第1回のWBCの監督を引き受けたのも、父の教えからだろう。現役監督がシーズン開幕前の大事な1ヶ月間、自分のチームを離れるリスクはあった。12球団の足並みもそろっていたわけではない。イヤな空気が漂う中、王は代表監督を引き受けた。アテネ五輪の長嶋ジャパンのように専属シェフなどいない。食事は個人任せ、打撃投手が足りずに内野手の宮本慎也（ヤクルト）が補ったほどだった。しかし、そのような状況下でも、王ジャパンは奇跡的な優勝を遂げた。

それはなぜだったのか。

誰よりも国を背負うことに誇りと喜びを感じ、誰よりも記録で勝りながら、決して相手への尊重を怠らない。指揮官が偉ぶらず謙虚に、だが力強く勝利を信じていたからだ。

そして「役に立とう」と自らが率先してチームに貢献する姿を感じたからこそ、個々の一流選手たちが「我」を通すことなく、自らの役割を探し出し、それを引き受ける潔さがあった。

前向きに自分と相手を信じる、真の意味での自己犠牲こそが、チームに世界一への階段を上らせたのだろう。リーダーの身を挺したひたむきさが、一つの和へ、スモール・ベースボールと呼ばれた全員野球の成功につながった。

星野仙一への電話

「人間はみんな同じなんだ。一人の人を喜ばせることよりも、みんなを悲しませないようにしてあげるんだ」

その思いを、王は現役選手時代から一貫して持ち続けている。だからこそ、「王からはスクープ記事が取れない」が報道陣の定説となっていた。結婚、現役引退、巨人監督辞任、ダイエー監督就任、ガン発表、ソフトバンク監督勇退。すべて記者会見で報道陣は知った。

「記者さんには、みなさんにお世話になっている。きっと誰かがスクープを書くと、他の記者は会社で怒られるんだろう？　自分の決断のことで、誰かが辛い思いをするのはしのびないからね」

現役選手の引退会見を午後5時からにすることに、最後までこだわったのも、この信念が底にあった。午前中の発表だと、夕刊の締切り時間に間に合う。そうなるとスポーツ紙など朝刊だけの新聞が不利になる、が理由だった。

痛みを知るからこそ、人の痛みに敏感である。元巨人のエースであり、監督でもあった堀内恒夫が巨人監督の座を追われたとき、真っ先に電話を入れた。

「巨人の監督になったときも、辞めたときも、真っ先に電話をいただいたのは王さんだった。私にはとうていマネできない気遣いの人であり、人間的な懐《ふところ》の深さは、王さんの右に出る者はいないと思っている」

金メダルを宣言しながら惨敗した北京五輪で、傷心で帰国した日本代表監督の星野仙一に、ねぎらいの電話を入れたのも王だった。星野は「励まされたことは一生忘れません」と感激した。

「巨人の監督と日本代表の監督は、やった者にしかわからない」

人生の晴れ舞台で一緒に喜んでくれる仲間は多い。だが絶望的な状況に立たされたとき、そばにいてくれた存在を、人は決して忘れない。「辛いだろうからそっとしておこう」とあえて連絡を取らないのも大人の優しさかもしれない。

だが「心配している」「味方だよ」と発信する王の行動は、相手の心を揺さぶったに違いない。傷ついた心を立ち直らせるきっかけは、他者の愛情ある行動と言葉なのだ。

王とは40年以上の付き合いという俳優・渡哲也がガンを患ったとき、王は3度も見舞いに来た。しかも栄養価の高いふかひれスープがたっぷり入った大きな鍋を自ら持ってきたという。口で言うほど簡単なことではない。通り一遍の気遣いではできないことである。これらはすべて、王の口からでなく、心遣いを受けた者によって明かされた真実であることも尊い。

人は苦しいとき、辛いとき、人間の本質が出る。

逃げるのか、戦うのか、相手を責めるのか、自分を責めるのか。

王は自分をさらけ出し、相手に真っ直ぐ向かい合い信頼を得た。それが尊敬につながっていく。

苦しみの中でも優しさを忘れない。人が苦しいときには優しく、そして自分が苦しいときにも人へ優しく。人を大切に扱うのは、自分を大切に扱うのと同じである。王は自らの存在意義、役割を誰よりも理解している。自身に強烈な誇りと負けん気を抱きつつ、相手への尊重と思いやりを欠かさない。

5匹の金魚

監督付マネージャーとして、1998年1月以来7年間、王を支えた加藤康幸は、すぐそばでつぶさに王という人間を見てきた。2003年の春だった。試合がオフのある日、加藤の自宅のマンションの呼び鈴が鳴り、ドアを開けると王が立っていた。手には金魚ばち、空気ポンプ、金魚3匹を抱えていた。

「自分も金魚を飼っていて心が癒《いや》されたんだ。だからキミにもあげようと思って。家の中は無機質だからね、生き物が欲しかったんだよ。でも犬は（遠征で不在だと）かわいそうだし……だから金魚を」

金魚の色はそれぞれオレンジ、白、黒。当時のダイエーのチームカラーを表していることは、加藤にもすぐわかった。王は金魚専門店へ出向き、運転手と一緒に選んだのだという。

「これは、お父さん金魚、これは、お母さんと息子だね」

3匹の説明をする王を見て、加藤はすぐにこの金魚たちが、自分の家族構成であると悟った。加藤は何気ない気持ちで尋ねた。

「監督は、何匹飼っているんですか?」

「最初は2匹だったんだけど、今は5匹なんだよ。遠征から帰ってきて、1匹死んでしまったりしたら……追加で買いに行くんだよ」

王は5人家族である。妻と3人の娘がいる。だが、2001年12月に王は妻・恭子を胃ガンで亡くした。それまで東京に住む妻に頻繁《ひんぱん》に電話をかけていたが、その相手はもうこの世にいなかった。その寂しさを埋めたのが、金魚だったのだ。

常に金魚は5匹一緒。家族は離れていても、死んでしまっても、いつまでも家族5人は一緒にいる。王が帰ったあと、遠征が多い自分の家族を気遣う王の優しさと切なさが痛いほど伝わり、加藤は妻と一緒にこみ上げるものが抑え切れなかった。

2001年12月に行われた、堀内恒夫の息子の結婚式に招待された王だが、直前の11日、妻が死去。13日がお通夜だった。たくさんの弔問客に頭を下げていた喪主の王が、家族で焼香に訪れた堀内を呼び止めた。

「〝ホリ、結婚式、出られなくて申し訳ない〟と頭を下げるんだ。こっちが申し訳ない気持ちになったのを覚えている」

幸せの絶頂では、周囲の雑音は気にならない。だが不幸や孤独を抱えるときは、他人の笑顔や幸福さえまぶしくて辛い。だが、王は愛妻が亡くなるという最も辛い瞬間も、相手への思いを忘れていなかった。そんな気遣いや思いやり、いたわりと気配り。隣人や他者を尊重する意識は、日本人が古来からそのDNAに組み込んでいたものだ。だが現代は個を追求するあまり、「孤」になっている。そんな中で王のたゆまない行動こそ、価値があり、相手に大切なことを思い出させるきっかけとなっている。

「おまえが生まれたとき世界は喜んだ」のだから

この数年取材を通じて王が〝引退〟を決意したという情報が何度か入ってきた。2006年春にWBCで日本代表監督として世界一。次にホークスが優勝したらいよいよ勇退……。そのシナリオが狂ったのは、2006年夏だった。6月末に福岡で食事を共にしたときは、こんな重大なことになるとは私は思ってもみなかった。

「この頃食欲がないんだよ。胃がもたれてね、検査をして今、結果待ちなんだ。結果が出るのは来週あたりかな」

そのときは本人もこんな展開になるとは思ってもみず、笑顔で胃をさすりながら、私にもっと食べるように勧めていた王は、その1週間後、胃ガンであることを会見で明らかにし、手術で胃をすべて摘出した。プロ野球の監督は激務だ。ナイター試合、不規則な時間、そして全国を移動する。70歳近い高齢にはきつかったはずだ。

「楽しみは野球と食べること。胃がなくなって野球がなくなったら、どうすればいい？」

そう公言していた男は、82キロあった体重が退院時64キロまで落ちた。そんな心身ともに辛い入院中でも見舞いや花が届くと、面会謝絶中にもかかわらず、連絡先を記したメモを片手に、感謝の電話をかけていた。

そして「選手は何をすべきなのか、自覚を持ってグラウンドでやってほしいんだよ」と野球への強い思いを口にしていた。病気になんて負けたくなかった。

医師である兄・鉄城は「退院後、社会復帰には1年から1年半かかる」と説明したが、王は約3ヵ月で現場復帰。食べることも飲むことも好きだったが、退院後は炭酸やアルコールを口にできず、食事の際は1口で30回かむという慣れない環境で、野球への愛だけは衰えなかった。

「人に迷惑をかけない。その対極にあるのは人の役に立つこと。そういう人生訓を持って、正直に全力を尽くしながら、生きてきたつもり」

釈迦の言葉に「常に悲感を懐《いだ》いて心ついに醒悟《せいご》す」というのがある。常に深い悲しみを胸の奥に秘め、その悲しみを大切にして歩み続けるとき、人はついに悟り目覚める、という意味である。悲しい、辛い、苦しい、寂しい経験こそが、人をより高みの道へ上らせるきっかけとなるのだろう。

「初めて背負った日の丸。やはり国を背負うというのは嬉しい」

WBC監督に就任したことで、初めて『日本代表』となったとき、国体に出られなかったかつての少年は涙ぐんだ。WBCで大変だったことは何だったかを問うと、やはり〝情熱と誇り〟という無形のものが返ってきた。

「日の丸をつけて戦っている意義、何が何でも勝つという執念。その意識を植え付けることが……ね」

誰よりも記録と結果を出しながら、日本を愛しながら、閉ざされていた世界、『日本代表』。ようやく、生まれ育った国を背負って戦う機会を得た王は、笑みを浮かべながら、シャンパンを浴びながら、泣いていた。

「最高！　今までのどの優勝よりも嬉しいね。次のWBCにまた大きな夢ができた」

「夢に見た世界戦。僕は国際試合に出るのは初めてでね、こんなに緊張してね、こんなに嬉しいものだとは思わなかった。五輪で人から聞いていたけど、今までのどんな優勝より一番嬉しかった」

早実高校時代、4番でエース投手ながら、国籍の問題で国体に出場できなかった悲しい過去がある。野球人生で50年近く、国際舞台には縁がなかった。初めて国を代表した嬉しさが胸に広がっていた。

誰かを天才に押し上げるのは、最も簡単な〝逃げ〟である。あの人は元が違う。才能がある。環境が恵まれている。我々とは異なる特別な存在なのだと相手を別格に祭りあげることで、自らの努力を棚上げできる絶好の機会を得るからだ。差別と逆境は、王に優しさと思いやり、感謝の心を培わせるきっかけになった。優しさとは、客観性と想像力である。好奇心とは、逃げずに挑戦する勇気のことである。そして使命感という役割をも、王は、自分自身に植え付けた。米国の先住民の古い言い慣わしこそ、王者にはふさわしい。

「おまえが生まれたときには、世界が喜んだ。おまえが死ぬときには、世界が泣く。おまえが喜ぶように、人生を生きなさい」

2 栄光から挫折へ――聖人君子からの脱却

ダイエー監督就任――マイナスからのスタート

「頼むから貞治、辞めてくれ！」

ファンの罵声《ばせい》を浴びながら、選手は戦っていた。応援席には、たくさんの横断幕が掲げられた。『お前らプロか？』『Bクラスの責任　腹切れ！　王貞治』『王やめろ』『その采配は王間違い』

王がダイエーの監督に就任して2年目。1996年5月9日。大阪市の日生球場での近鉄戦。開幕から低迷し、この日もふがいない負けを喫したチームに容赦ない言葉が次々と浴びせられた。

万年Ｂクラスの弱小球団。南海ホークス時代から続いた連続Ｂクラス年数は18年になっていた。このときも最下位争いのさなかだった。

試合後、移動バスに乗り込む王や選手をめがけて、白いボールのようなものが投げつけられた。生卵だった。南海時代からのホークスファンが、ふがいない成績のチームや王監督に向けた怒りの表れだった。

ファンにしてみれば、本拠地が大阪から、何の縁もゆかりもない福岡へ移転したこと、新生ダイエーになって8年目も相変わらず低迷していることへの悲しみや苛立ちもあったに違いない。怒号《どごう》、さらには生卵を投げつけたファンへの罵声が響き合い、駐車場は騒然とした。暗い通路に取材カメラのフラッシュが一斉にたかれた中を、下を向きながらバスに乗り込む王。テレビのスポーツ番組でこの場面は繰り返し放映され、翌日の新聞でも大きな話題になった〝生卵事件〟だ。

世間では「あの王さんが、こんな惨めな思いをしているのか」「天下の王に失礼な」という諌《いさ》める声がほとんどだったが、「やはり名選手は名監督にはなれない」というあきらめの記事も少なくなかった。王は追い詰められていた。

その後、私がこの件について尋ねると、やはり王は弱音や愚痴《ぐち》は吐かなかった。

「チームが勝てないから、ファンの方もイライラしてしまうのでしょう。勝負の世界は勝てば官軍、だよ。あんなことをファンの方がしなくて済むように、なんとか今年は勝ちたいね。でも、あれは一部のファンがやったこと。ホークスのファンは、本当に温かいんだよ」

当時はダイエーホークスがいまだ初優勝の味を知らない不遇のとき。追い詰められながらも相手への思いやりを忘れない王の高い人間性と指揮官の孤独を実感した瞬間だった。

生卵をぶつけられたバスの中で、王は選手に言った。

「我々がファンの声に応えるためには勝つしかないんだ」

だが、選手の目はうつろだった。優勝？　そんなのあり得ない……。

〝負け犬〟との戦いが始まったのは、王がダイエーに監督として招かれた1995年からだ。「万年Bクラスのチーム」対「天才打者、国民のヒーロー」の図式。これまで巨人で英才教育を受け、たゆまぬ努力で記録を叩き出してきた王にとって、理解できない〝負け犬意識〟との対面だった。

〝人は環境の生き物〟だという。良い環境にいれば、人はより高みに向かえる。だが一緒にいる仲間や行うことのレベルが低いと、人はどんどん悪い方へ、楽な方へと染まっていく。「朱に交われば赤くなる」のだ。長らく負けることに慣れていたチームにとって、王はまぶしく、そして疎《うと》ましい存在だった。

監督3年目も4位に終わった1997年オフ、『王解任』の声が強くなった。鳴り物入りで呼んだ〝大物監督〟が、丸3年指揮をしても結果を出せない。当時のダイエー中内正オーナー代行のもと、ポスト王として次の監督候補の名前も取りざたされて、王は孤立無援に陥った。王と親しい関係者は、

「こんなひどい仕打ちを受けてまで、ダイエーにいることはない。また時期が来れば巨人の監督に戻ることはできるはず。東京へ戻って、評論家などをした方がいい」

そうアドバイスする者もいたが、意思は固かった。

監督に就任したばかりの1995年春の豪州キャンプ初日。「オレはおまえたちを優勝させたい。優勝の喜びを味わわせてやりたいんだ」。就任の第一声での公約を果たすのに、じつに5年の歳月がかかった。だがセ・リーグを、巨人を飛び出し、九州までやってきた王にとって、何の結果も出さず逃げ出すことはできなかった。

変革の一歩はシンプルな対話から

ホーム試合の当日、ドームで行う練習の前にはいつもの儀式が始まる。巨大なドームの中央、グラウンドに選手やコーチ全員が集まって円陣を組むのだ。大きな輪の中で、その日の練習メニューの説明や一軍昇格選手の紹介、連絡事項の伝達などが行われる。時間にしてわずか3分ほど。1分足らずで終わる日もある。だが毎回ホーム試合の際に行われている。これは、コーチや選手、ふだんはコミュニケーションを取る機会の少ない裏方と呼ばれるチームスタッフとの交流を深める場なのだ。投手は練習方法や調整の仕方などが異なるため、野手と一緒にいる時間は決して長くない。そしてスコアラーらチームスタッフも、選手と直接接することはないに等しいからだ。

「じつは投手と野手は、お互いに会う機会が少ないんだ。だからチームとしてみんなの意思疎通を図るためにも、全員で集まらせたいんだよ」

顔を合わせることで、自然と声をかけるきっかけが生まれる。仲間の状態もわかる。シンプルで力強いコミュニケーションの原点だ。リトル・リーグや高校野球などアマチュア野球ではおなじみの円陣を組んだ定例ミーティング。だがプロの世界では、チーム全員が集まって円陣ミーティングを実施している姿は、他球団では見ない珍しいセレモニーである。

お互いが顔をつき合わせるミーティングこそ、王が着手したチーム改革の一歩だった。改革。他者や組織を変えること。これは、まず自分自身を変えることが求められるのかもしれない。米国人の神学者で牧師として知られるラインホルド・ニーバー。牧師のマーティン・ルーサー・キング、政治家のジミー・カーター元大統領も影響を受けたといわれる彼の有名な祈りの一節に、王の行動を理解するヒントがあった。

神よ、変えることのできるものについて、
それを変えるだけの勇気をわれらに与えたまえ。
変えることのできないものについては、
それを受けいれるだけの冷静さを与えたまえ。
そして、変えることのできるものと、変えることのできないものとを、
識別する知恵を与えたまえ。

（大木英夫著「終末論的考察」中央公論社刊）

変えることができるもの。変えるべきこと。それを実行するとき伴うのは、より進化・成長するために必要な痛みである。変えることができないもの。それは相手の行動や信念、考え方を自分の意のままに操ることかもしれない。王はまず、自分が変わることでチームに変革を促した。自分が他者に心を開き、行動することで、相手の心を溶かしていった。「勝てない、それを恥ずかしいと感じない」集団を前に、天才打者といわれた男は初めてもどかしさを感じただろう。だが他者との間に壁を築くのではなく、自らが橋になろうと決意したときに必要になったもの。それは上からの目線で与えてやるのではなく、「キミの懐に入れてくれ」という謙虚な思い、一つだった。

心の壁を少しずつ取り払う

当時、王を迎える側の福岡の人々にも違和感があった。

「巨人ファンだから興味ないね。ホークスなんて」「〝福岡のチームです〟なんて、突然言われても……こちらで商売をしたいダイエーさんの思惑でしょ?」「昔から住んでいて野球好きの人間に、ダイエーファンなんていない。今はないけれど、やはりここは西鉄ライオンズですよ。まだ西武（西鉄が身売りして誕生）の方が思い入れがあるな」「ダイエーなんてよそものだよ。福岡の人間は、中洲とか商売では愛想良くするけど、これ以上は（懐に）入ってほしくない、そういう境界線みたいなもの、持っているよ」

王ダイエーが初優勝する1999年のシーズン前でさえ、オープン戦で訪れた福岡の飲食店では、地元の人からの冷ややかな反応が多く見受けられた。

どんな人に対しても垣根を作らない王とは言え、周囲を取り巻く冷たい視線に気づかなかったわけではないだろう。だが、東京や巨人時代の知り合いをスタッフとして連れず、単身で乗り込んだ王は、時間を見つけては気の置けない中華料理店、居酒屋など新たな〝本拠地〟を開拓した。

もともとの飾らない性格、オープンマインドに加え、意識的に土地に溶け込む努力をしたのだろう。訪れた先の店の大将や客と野球談義を交わし、交友を深めていった。それは今も変わらない姿である。

気さくな人柄が伝わり、地元の人たちに愛され始めると、地元財界人とも親交が深まり、その結果、「王友会」という支援団体もできた。地元に王のファン、ひいてはダイエーのファンを確実に増やしていった。

「歓迎されない転職者」として

野球への熱意とは別に、もう一つダイエーを引き受ける引き金になったのは、長嶋の巨人監督復帰にあった。巨人監督へ戻った長嶋茂雄を見て王は悟った。

「長嶋さんは戻れるが、オレは戻れない」

長嶋も王も、ともに一度は巨人の監督を経験した。ともに解雇同然で巨人を追われ、そしてもう一度、古巣である巨人へ監督として戻る道を模索していたのも同じだった。だが長嶋の復帰が決まったあと、王の中で何かがはじけた。すでに6年、ユニホームを着ていなかった。再挑戦をするのは、別の場所でもいいのではないか。

「一度、巨人のユニホームを着た者が、他チームのユニホームを着たら、二度と巨人から声はかからないだろう」

かつての藤本定義が巨人監督から阪神監督などへ、水原茂がやはり巨人監督から中日監督などに移籍した頃には、こんな不文律があったという。これはその後長い月日を経た今も変わっていないように思えた。王にとって福岡行きは、二度と巨人へは戻れない〝片道切符〟を意味していた。

まだ世の中の企業が当然のように終身雇用制を敷き、人々も生涯一つの会社でサラリーマン人生を終える、そんな時代。「転職」することが当たり前でなかったときの選択だった。「終身雇用」の長嶋を見た王は、自ら「転職」することを決断した。

憧れ、育ててもらった愛する巨人との決別。王は巨人のことを話すとき、愛情と尊敬を込めて「巨人軍」または「ジャイアンツ」と呼ぶ。いまだに略して呼ぶことをしないほど愛着と思い入れのある場所へ、永遠に戻れないかもしれないという悲壮な気持ちを抱えて決断したのは、「それでも、野球をやりたい」という強い思いだった。

一流企業で働いてきたエリートサラリーマンが、成績の振るわない小さな地方の企業で再出発をはかる。その先の道が簡単には進めないことなどわかっていた。だがもう戻れない道だった。

そもそも不思議な組閣から、王ダイエーは船出した。コーチ陣はほぼ全員が元広島カープ関係者だったのだ。1980~90年代の常勝西武の陰の立役者としてフロントを取り仕切った根本陸夫が、ダイエーホークスの幹部となって王に白羽の矢を立てたとき、球団内部では同時に、もう一つの〝監督案〟が動いていたのだ。

古葉竹識。弱小広島を一躍強豪に育て上げた知将は、チームカラーの赤ヘルメットにちなみ名づけられた〝赤ヘル軍団〟の監督だった。

その古葉が監督の最有力候補だったことから、監督の正式決定前に、すでにコーチ陣を内定してしまっていた。王が監督に就任した1995年のチーム首脳陣の顔ぶれは、広島出身の村田兆治投手コーチ、広島カープ出身の高橋慶彦打撃・走塁コーチ、達川光男バッテリーコーチ、寺岡孝ヘッドコーチ。まさに〝古葉ファミリー〟がそろっていた。そのコーチ陣と取り組んだ監督1年目のシーズンは、5位に終わった。

「敵は身内にあり」の状態から始める

地元の応援は少しずつ増えながらも、チーム成績は一向に上がらなかった。監督就任2年目は最下位。3年目は4位。ダイエーは、パ・リーグで大阪を本拠地とした南海ホークスがダイエーに球団を売却し、福岡に拠点を移したチームだった。

現在、楽天監督の野村克也がプレーイングマネージャーだった1970年代まで強豪チームだったが、それ以降は「万年Bクラス」が指定席になり下がっていた。しかも同じ大阪に本拠地を持つ阪神が圧倒的な人気があるのに比べて、地味な存在だった。万年Bクラスの南海時代から残っていた選手やスタッフにとって「負けること」が日常だった。

負けても悔しがりもせず、淡々としている選手たち。危機感のないチームに苛立った王は試合に負けると「緊急ミーティング」を招集した。黒星の数が多いだけに、「ほぼ毎試合行っていては〝緊急〟でも何でもない」。チーム内では、王の取り決めを茶化す声もあった中、緊急ミーティングではいつも王の怒声が響いた。

当時を知る記者は「ダイエーに来て3年目までの王さんは、いつも怒っていた。ミーティングで怒鳴りまくっていた」と振り返る。「なぜ打てないのか？」「何であの球を捕れないのか？」。負け犬根性を叩き直そうとするあまり、まずいプレーに対しては頭ごなしに、試合中のベンチでも怒鳴りつけた。「選手もコーチも下から崇めているだけ。怒鳴られると〝イエス・サー〟か、〝ノー・サー〟しかなかった」と当時を知るスタッフが振り返るように、怒られてもピンと来ない選手は、勝つことの喜びを知らず、ましてや負ける屈辱など知る由《よし》もなかった。怒鳴られて萎縮《いしゅく》し、指揮官との溝も深まった。それに輪をかけたのが一部のコーチの存在だった。試合中にミスをして王に怒られた選手を、コーチが飲みに連れ出しては、「おまえは悪くない。監督に言われたことなんて気にするな」と妙なフォローを入れていた。

「プライドのない選手やコーチ」対「エリートの王」。そんな対立が激化していった。王の指摘で早出特打、居残り練習を始めた選手たちに、「そんなにやることないよ。どうせしばらくしたら、監督も（辞めて）いなくなるから」と言うコーチさえいた。南海時代から馴れ合いになっていたコーチと選手、スタッフどうしの〝仲良し体質〟が残っているため、厳しい指導をする王やコーチに反目した。中途半端な選手への肩入れが勝っており、戦う集団＝プロというより、お互いの愚痴や傷をなめ合い、向上心のない〝仲良し倶楽部〟のままだった。

〝天才〟〝聖人君子〟の孤立

選手やコーチに自分の意図が伝わらない。当然、結果も出ない。試合中も試合後も容赦なく怒鳴り散らす。王は完全にチームから孤立していた。

「諸君は最高だ！　今夜は思いっきり、行こうぜ！」

腕を振りながら叫んだ王が、喜びを爆発させたのは2006年3月。野球の世界一を決定する大会WBCが実施され、日本が優勝。〝シャンパンファイト〟と呼ばれる祝勝会の席で、選手の輪に率先して入っていった王の姿は、この頃はまだなかった。

強くて人気の高い巨人で4番打者に君臨し、756号のホームラン記録を樹立した。巨人では監督まで上り詰めた。野球という枠を超えて「国民栄誉賞」まで受賞。そんなまばゆい指揮官は、選手やコーチにとって憧れというより、萎縮してしまう存在だった。

それは仕方がない心理だったであろう。非の打ち所のない人から、「こうやれば打てる。なぜ打てない?」と注意されても、「どうせ、オレは王監督に比べれば凡人だ」「そんなに簡単に直せるなら苦労しない」と考えるのが、ふつうの人の捉え方だ。

怒鳴る指揮官に選手はふてくされたり、自信を失っていった。「巨人軍ではこうやっていた」「ジャイアンツの時代はもっと練習をした」。言われるほどにコミュニケーション不全に陥っていった。エリートばかりの巨人の選手とは異なる環境を実感した3年間だったに違いない。

しかし、ここでの屈辱こそが、王を真のリーダーへと変貌させる糧《かて》になった。

「俺はもしかしたらサド、マゾの世界にいるのかもしれないな。何かを求めてやり出したら、とにかく最後の最後まで行き着かないと納得できない。自分の体をイジメにイジメ抜いて、常に体や心のどこかにある種の痛みを感じながらやる。またその痛みがないと不安になったりする。素振りをする。今日は疲れているから100本位で止めようと思っていても、いざ振り始めると、もうそのことは忘れてしまう。5分とたたないうちに、SMの世界に入ってしまうんだよ。手のマメがはぜて血が出てくる。バットのグリップに血がにじむ。そうなるともう、バットを持っているだけでズキンズキンしてくる。でも、そうなって初めて、バットを振っているんだな、という感覚になってくるんだ」

雑誌の取材でそう告白した〝努力の天才〟の境地に、達する選手がそう多くいるわけではない。1962年、恩師である巨人コーチの荒川の指導を受け「一本足打法」に着手。その練習は世の人々の度肝を抜いた。天井からひもで結わいた短冊を垂らし、静止した瞬間を、バットに見立てた真剣（日本刀）で横からはらう。真剣と短冊の角度が合わないと、吊られた短冊は木の葉のようにクルクルと回転してしまう。静から動へ。現代における武士のごとく、一瞬の隙も許さない超人的な打撃練習法をこなした人間が、ふつうの選手の気持ちに気づくことは難しかった。

監督としての2度目の失敗

屈辱的な扱いは、ダイエーの監督で、初めて経験したわけではなかった。日本中からわき起こったバッシングにさらされたのは、巨人監督時代にさかのぼる。

1988年のセ・リーグ公式戦は、巨人が日本初となるドーム式の球場「東京ドーム」を造り、〝ドーム元年〟と注目された年。まだまだスポーツと言えばプロ野球。野球と言えば巨人という時代だった。

4月8日の開幕戦（対ヤクルト）は世間の大きな関心を集め、皇太子（現天皇）ご一家も観戦なさった中、巨人は入団3年目で開幕投手を任された桑田真澄が途中降板。投手リレーが破綻して、2対4で敗れた。

反響はすさまじかった。当日のテレビニュース、翌日の新聞、翌週の雑誌など報道はこぞって王の采配《さいはい》を批判した。その流れは完全にでき上がり、その後も「王監督の継投が裏目に出た」「監督・王の能力には球団内からも疑問の声」「投手起用は疑問」など巨人へのバッシング、王采配への批判はピークを迎えた。

「王は動き過ぎる」「窮屈な投手交代」「他人の意見に耳を貸さず頑固」。そんな容赦ない報道やファンの声を受けた王は驚いた。選手時代にはあり得なかった自分への攻撃だと感じた。試合前に報道陣を寄せ付けなくなり、これまで以上に選手に厳しく自らバットを握ってノックを行った。試合中も、ピッチャー交代の場面になると、腕組みをして仁王立ちする姿がテレビで何度も映された。

〝王の眉間《みけん》のしわ〟が巷で話題になり、その眉間に刻まれた深い苦悩のしわは茶化されてマンガになるほどだった。

交友のあった歌手・美空ひばりが、わざわざよみうりランド内にあるジャイアンツ球場を訪れ、「いつも明るい顔をしていなさいな」というほど、険しい顔つきになっていった。天才だからこそ、常人に対してはがゆい。もっと努力しろ、もっと緊張しろ、もっともっと……。それが選手の重圧になり、巨人監督として就任5年目の1988年、圧倒的な戦力を誇りながら12ゲーム差をつけられて2位に終わった。

世論は「王の野球は面白くない」「王の性格じたいが暗い」と人気も落ちた。サヨナラ負けした後は緊急ミーティングを招集して怒鳴る。「もっと相手のピッチャーを研究したらどうだ！」と言い捨てると自室へ閉じこもる。不甲斐ない選手に外出禁止令まで出した。

「プレッシャーの中で、逃げることなく堂々と立ち向かい、そして優勝する。それが巨人軍なんだよ。そうした中で勝ち続けることが本当の強さであり、オレの理想」

そう説得されても、当時の巨人の主力選手、原辰徳や山倉和博、中畑清、吉村禎章らスター選手がそろっていたとはいえ、偉大な記録を打ちたてた〝天才〟から見れば〝常人〟である。勝利という結果だけでなく、理想の試合展開にまでこだわり、「勝つんだ、優勝するんだ」と檄を飛ばし、選手にプレッシャーをかけて追い込む。しかしそれはモチベーションを高めることにはつながらなかった。ピリピリとした緊張感の中で、集中力を持続させる王の戦い方は、巨人での監督時代と同じく、ダイエーの監督になっても完全に空回りしていた。

泥沼からの気づき――真のリーダー開眼

巨人での監督時代の二の舞になっていると理解しながら、王はあがいていた。浮き彫りになる選手やコーチとの溝。練習やミーティングで、試合中でも、常にいらだち声を荒げた。怒られた選手はますます萎縮した。試合に負けて怒鳴り声が響くミーティングで、コーチは下を向いていた。悪循環の3年目を終えたオフ。八方ふさがりの王は、ある禅の高僧に対面した。

「王さん、あなたは奥行きが広い人だけれど、間口が狭い。もっと聴く耳を持たないと……」

その言葉こそが、王を動かすきっかけとなった。〝変わる勇気〟をもたらしたのだ。元来、思いやりが深く、人間としての器は広い。だが、自分のやり方やスタイルにこだわり過ぎ、成功例を押しつけていた。

選手として血のにじむ努力を重ねて、前人未到の結果を達成してきた努力の天才は、自分よりレベルが劣る選手を指導するとき、「なぜ彼は打てないのか？」と不思議だったのだろう。「なぜ毎日素振りを1000回振れないのだ」「なぜあの甘い球を見逃すのだ」「思い切り振れば、ホームランになるのに」

王だけではない。長嶋も、サッカー界ではジーコも、名選手が監督になると、必ず通る道なのかもしれない。会社組織でも同じである。営業成績が入社以来ずっとトップのエースが、管理職に抜擢されたが部下をうまく束ねられない。そんなジレンマに陥った。

王にとって血のにじむ努力とは、当然するべきことなのだ。立っているステージが凡人とは異なっていた。だからこそ超一流の選手になれたのだが、凡人の心は計りかねた。

「なぜオレにできたことを、キミたちはできないのだ」

そのジレンマとの闘いが、真のリーダーになれるかどうかの分かれ道と言える。あくまで自分のやり方に固執するか、それとも周りを見渡して、個々に見合った方法を実践するのか。過去に執着し未来に不安を覚えたとき、人は守りに入る。変わることを拒む。

「王さんは〝あのとき、変わらなきゃと思ったんだ〟と言っていた。いいにつけ、悪いにつけ、結果はわからない。〝でも変わらないと結果はまた同じだ〟と」

王が最も信頼したコーチの一人、王のもとで計7年間、ホークスの投手コーチとして『投手王国』を築いた立役者。現在は巨人の投手総合コーチを務める尾花高夫は、王からこの話を打ち明けられたときの言葉を一つひとつ思い出しながら、つぶやいた。

――変わる勇気――

楽天を率いる、王のライバルでもある野村克也も、同じことを提唱している。

「変わる勇気。すなわち進歩や。毎年、人間変わらな、あかん」

王は決断した。それならば、一歩踏み出す勇気を持とう、と。

3

「他者は変えられない」から始まる自己改革

「他者は変えられない」と思うと他者は変わる

他者を無理やり変えることはできない。他者とコミュニケーションを図りたいなら、まずは自分が変わってみることだ。

相手のここがいやだ、こうなってくれればいいのに、という不満を持っていても、その人の信念や考え、行動を力づくで変えることなどできない。それならば自分が変わる。自分が対応や考え方を変えることを通じて、次第に相手の心に染み入っていくのだ。

何歳になっても、どんなに高い立場になっても、「変わる」勇気を持てる人は素晴らしい。結果がどうであれ、一歩を踏み出したことで、明らかに見える風景は変わるからだ。

「自分を変えられるのは、自分しかいない」

困難に直面したとき、決して逃げない王の姿勢は、並外れた精神力の強さから生まれたものではない。学ぼうとする謙虚さと、自分は変われるという自己信頼、つまりは自分を信じる誇りがあったからにほかならない。

温かい空気をまとい、耳ではなく心で聴く

王とはどんな人間かを私が問うと、数秒ほど沈黙した尾花の口から、すぐにこの言葉が出てきた。

「話を受け止めてくれる人、聞いてくれる人やね。その中で〝そうか、やってみろ〟と監督が判断する。まずは、どんなことでも受け入れて、話を聞いてくれる。レギュラー選手か、どうかなんて関係ない。誰に対しても公平に扱ってくれる。本当は人の好き嫌いがあると思うけど……レギュラーか補欠かなんて関係ない。相手がスター選手でも、ファンでも親身になってくれる。器がでかい。王さんに聞いてもらえるだけで、選手はハッピーなんだから」

自己改革で着手したのは、コミュニケーションの基本であり、最も大切な「聴く」ということだった。「きく」には3種類あるといわれる。自然に耳に入ってくる「聞く」、相手に問う「訊く」、そして意識的に集中して、相手の心に寄り添いながら、相手の言葉に耳を傾ける「聴く」である。

王が実践した「聴く」は、カウンセリングなどでは「傾聴《けいちょう》」という技法に相当する。一見、受身にも見えるこの行為は、じつは最も能動的なものである。相手の話の中味だけでなく、その態度や空気をも受け止めることは、ものすごくパワーを要する。集中力と根気が求められる。他者とのかかわりの中で、最も重要かつ奥が深い行為といわれるのも当然かもしれない。

そこでもたらされた信頼関係は、他者に、ひいてはその組織に変化をもたらす。逆に「聴かない」組織は破綻するという。

新潮社の名物編集者である中瀬ゆかりは、夕刊フジの連載『ナナメ45度　おんなの坂道』において「人と会話するときに、50対50の分量で話をしたとすると、相手は『今日はあいつばかりしゃべっていた』と思うものだ。これを70対30くらいの比率で相手に多く話させるようにすれば、ようやく『今日はお互いにおおいに語り合った』と納得する」と、人というものは、話を聞いてくれる相手に心を開くのだと説明した。

上司の立場では、一方的に部下へ話をする機会が仕事上、どうしても多くなる。それだけにより意識的に部下の話を聴くクセをつけるべきだろう。

会話はキャッチボールだといわれる。相手が投げた球を受け止め、相手が取りやすい球を、間合いや量を考えて返す。お互いに「心地よい」リズムが作れれば最高だ。

王のような取材をされる立場の場合、〝野手〟どうしで行う対等なキャッチボールというよりは、質問を投げる報道陣という名前の〝投手〟に対し、答えを打ち返す〝打者〟としての立場になることも多い。さすがに現役時代、どんな球でもホームランにした王は、「取材」という一方的な投球にも、的確かつ相手が喜ぶホームランを決めてくれる。

言ってほしい人に、言ってほしいときに、言ってほしい言葉を

さらに、王は、率先して他者に声をかける天才でもある。

「元気にしている？」「久しぶりだね」など、さり気ない言葉の中に、思いやりが込められている。ふだんの王は、人を傷つける言葉を一切言わず、当たり障りのない会話が多い

と評される。正直、面白みに欠ける優等生発言が目立ち、言葉に毒や特徴が見当たらない。だがじつは「言葉の人」なのである。

野球界で「言葉の人」と言えば、プロ野球界の最高齢監督でもある名将、楽天監督の野村克也だ。含蓄ある言葉を発することで有名な彼の発言は、重みがあって深い。独特の言い回し、ズバリと真理を突く名言が並ぶ。

彼の言葉を集めた書籍が数多く出版され、野球の枠を超えて経営者やリーダーに深い感銘を与えている。厳しさや手ごわさ、歯に衣着せぬ発言には毒があるが、強いインパクトを放つ。いわゆる〝野村のボヤキ〟として人気が高い。

一方で、王の言葉はとても軽い。常にサラリとして、誰も傷つけない代わり、さして印象にも残らない。明るくてさわやかで前向き。強い印象を与える毒の要素はまったくない。

しかし、私は「野村監督は言葉の人。されど、王監督も言葉の人である」という真理にぶち当たった。それは言葉の持つ空気、その温度だった。

王は、一人ひとりを見て言葉を発する。重要なのは、それが「言葉をかけてほしい人に、言ってほしい間合いで、言ってほしい言葉を、直接伝える」

という見事なフォームになっていることだ。

　言葉の中味よりも、そのスピード感、空気が抜群に優れているのだ。「話す対象」に、「抜群のタイミング」で「直接」語りかける。

　王のやり方はこうだ。数年前、体調を壊していた私は、ようやく復職した。久しぶりに試合前のグラウンドに王を訪ねたが、ひどく緊張していた。直接会わなくなって4年あまり。

「すっかり、顔を忘れられているかもしれない……」

　そんな怖気《おじけ》づいた気持ちを胸に、グラウンドのベンチに一人でたたずんでいた。すると、10メートルほど先で取材陣の輪に囲まれていた王が、こちらへ歩いてきた。笑顔で、真っ直ぐに向かってくる。

「えっ、自分に向かって？　いや違う、誰か、他の人に用事があるのだろう」

　きょろきょろとあたりを見渡し、戸惑っている間もなく、王は私の目の前に立つと、言った。

「やあ、久しぶり。体調はどう？　ずいぶんよくなったのかな？　無理しちゃいけないよ」

和やかな雑談を交わした後、実感したのは「ここに来てよかった」という満ち足りた思いだった。自分を受け入れてくれた、覚えていてくれた、気にかけてくれた。その事実が嬉しく、安心した。そして高揚感をも味わった。

〝人は環境の生き物〟だという。

環境とは、そこに存在している「他者」のことも含んでいる。人は「他者」に、快く受け入れられたとき、「自分はこの場所にいてもいいのだ」と自己肯定の感情を味わえる。自然にその場所や人に愛着がわく。受け入れてもらえた自分自身に対して「自分には何かができるかもしれない」という自己信頼までも、はぐくまれる。やる気が出てくるのだ。

王が実践しているのはシンプルなことだ。

伝えること。スピード感を持って伝えること。「一緒にいるよ」「何かあれば手伝おう」「あなたの味方です」と伝える温かい言葉は、その場の空気と他者の心も変えてしまう魔法なのである。

野村の言葉は、人の心にズシンと響く。頭から離れず、深く沈殿し、心の引き出しに大切に置かれる。その後の人生経験によって、改めて気づかされたり、理解できる言葉も多い。

王の言葉は丸い。温かい空気にすぐ変化し、その言葉を受けた者の体を、毛布のようにつつみ込む。言葉は生き物で、エネルギーがあると教えてくれる。エネルギーが失われない間に、「相手に伝える」。伝える早さとタイミングの大切さを教えてくれる。

王はメジャーで活躍するかつての教え子、マリナーズの城島健司やフィリーズに在籍した井口資仁らと、今でも携帯電話やパソコンのメールで〝対話〟している。彼らの動向を知るや否や、励ましやねぎらいの言葉を発し続けている。

「いつでも扉は開いている」という構えを見せる

オープンマインドで開放的。自ら声をかける。王の親しみやすさは相手の心を近づける。

「オレはラーメン屋のせがれだから。居酒屋でも、どこでも行くよ。おまえら、なんでも言って来いよ」

さらなる自己改革は「心を開く」ことだった。雲の上の人と崇め、怖気づいていたコーチやスタッフに、気さくな面を垣間見せたのは、偶然ではない。

「大スターの王さんのことだから、きっと一流の店でしか食事をしないはず」

誰もがそう思っていたが、王は気軽な居酒屋や中華料理店に誘った。選手には自ら話しかけ、大好きな料理やパソコンなど、若手選手でも対応できる気軽な話題を口にする。〝孤高の人〟と思っていた指揮官の人間味に触れたことで、人々は共感を覚えた。親近感がわき、壁は少しずつなくなった。バッティングなどプレーに関する質問もしやすくなったであろう。両者に信頼関係が生まれてきたのだった。

実際、東京の下町で生まれた王は、庶民的な店を好む。

「肩をくっつけて、椅子を寄せ合って食べるような店が好きなんだよな。今夜は、居酒屋でもいいかな？」

1999年の秋。日本シリーズ中にもかかわらず、しかもその日は負けたにもかかわらず、王は事前に約束したとおり、私を含めた知り合い数人を食事に誘ってくれた。チーム状況、指揮官としての精神状況を考えると食事会などへ行っている場合ではない。「止めましょう」と断る私たちに、王は彼らしい一貫した性格を垣間見せた。

「だって前から約束していたし、わざわざ東京から来てくれたんだから」

ピンチに立っている中でも相手への思いやりを忘れず実行する姿に、恐れいると同時に、素直に心が動かされた。大切にされている嬉しさと恐縮した思いを抱いて訪れた先は、カウンター中心で馴染《なじ》みの大将がいる気取らない店だった。また驚かされた。「王さんでも居酒屋へ行くのだ」。心の動揺がぎこちない動きになっていた私を尻目に、王は慣れた様子で席に着くと、私たちに酒を促す。

地元客に「王さん、次の試合はよろしく頼みますよ」と声をかけられると、「うん、そうだね」と笑顔で返しながら、うまそうにビールをあおっている。

「ミスター（長嶋茂雄）は、こういうところは、来られないだろうなあ」

笑顔で、少し誇らしげに〝下町っ子魂〟を見せた瞬間だった。

信頼できる人物を味方に

もちろん、組織を変えるために行ったのは、自分を変えることだけではない。次なる一手は、「最高の嫌われ役」を置くことである。

監督就任4年目、1998年のシーズンから、黒江透修が助監督兼打撃コーチとして招かれた。巨人が9連覇した伝説のV9時代からの盟友だ。

組織の改革には、人を好き嫌いで判断せず、その人に合った仕事を任せるのが必要だといわれる。選手時代から派閥を作らない、群れない男だったからこそ、王は就任当初、誰も連れて行かず一人で新天地へ飛び込んだ。だが低迷する成績と派閥意識の強い組織を打開するため、盟友にSOSを出したのだ。

黒江は、選手に嫌われることを厭わない。思ったことを真っ直ぐ伝える上、下手なゴマすりをしないストレートな人間である。「王監督の偉大なるイエスマン」とも揶揄《やゆ》されたが、そんな陰口には一切耳を傾けず、徹底的に悪者役を引き受けた。

王の指導に不満を持つ選手には、「監督の言うとおり」と黒江がたたみかける。王に代わって行った熱血指導が実り、その年、チームは3位。翌1999年には初優勝し、日本一を達成。2000年のリーグ連覇にも貢献した。2001年からは横浜監督の森祇晶のもと、ヘッドコーチとして招かれホークス退団が決まったときは、選手会に胴上げを依頼したが、選手が渋ったという逸話が残るほど徹底したヒール役を演じた。「名参謀」としての評価は高い。

巨人では長嶋、中日では近藤貞雄、西武では広岡達朗と森、ダイエーでは王。2008年は西武の渡辺久信と、多くのチームと監督のもと、コーチを歴任。6度のリーグ優勝、

5度の日本一に貢献した。これほどの結果を出すことができたのは、「監督の言いなり」と陰口を言われても、監督の指示をしっかりと選手に伝えることに専念した、役割に対するプロ意識による。

さらに現在、巨人の投手総合コーチである尾花高夫が1999年、王のもとにやってきたのが転機となった。現在のホークスの『投手王国』の基礎を築いたのは、まさしく尾花の手腕である。ロッテのコーチ時代はGMの広岡達朗のもとで、ヤクルトでは野村克也、ダイエー&ソフトバンクでは王といった名将のもとで、投手部門を託されてきた。卓越した野球理論、投手個々の才能と性格に応じた指導方法は抜きん出ている。巨人でも2007、2008年と2年連続でリーグ優勝を果たした〝優勝請負人〟。ソフトバンク時代までのコーチ歴11年間で、チーム防御率3点台を8度マークするという驚異的な成績を叩き出した。その間2002年以外は毎年、投手にタイトルを獲らせている辣腕《らつわん》だ。王を変えるきっかけとなった二人のコーチを中心に、ダイエーは脱・派閥への改革&実力主義に乗り出していった。

わからないことは素直に質問

古代哲学者のソクラテスの有名な言葉に『無知の知』がある。知らないことを「知らない」と言えることこそ、真に大切なことだ。だが、年齢を経て役職や立場を得ると、その実践こそが難しい。勇気と謙虚さが求められるからだ。王の自己改革の中には、その困難な「知らないことを質問する」も含まれていた。

「〝投手のことはよくわからん。教えてくれ〟と積極的に尋ねてくれた」

尾花が投手コーチに就任する前年の1998年、ダイエーは3位。投手防御率は4位だった。投手陣の立て直しのため、次々にわいてくる問題点を王に伝える話し合いは、監督室でマンツーマンで、1日に1回行われた。1999年のパ・リーグ開幕戦。ダイエーの開幕投手・西村龍次に対し、西武は西口文也が先発した。

「監督、この試合は何対何で勝つつもりですか？　どれくらいの得失点を想定していらっしゃいますか？」

「何でそんなことが必要なんだ？」

何点取られても、取り返せばいい。勝てればいい。王は質問の意図がわからず少しいらだった。尾花はそれまでの〝王ダイエー〟のスタイルに対し、恐れず疑問をぶつけた。

「その想定がなければ、私はどうやって投手に準備させればいいんですか？　2対1と3

対2では、その後にどういう継投をするのか、まったく違います」

「キミはどう思う?」

「西口から、ウチの打線が2点取れますか? 2対1、または1対0で勝たないと。どちらにしろ、接戦だと思います」

「じゃあ、それでいこう」

結果は、両チーム0得点という投手戦の展開となり、9回に1失点のダイエーは0対1で負けた。だが試合前に、得失点を含めた勝利へのシナリオを描くスタイルが、このときに確立された。

この点を防ぐのか、そのためにはこの投手でいくか、リリーフを立てるのか、1点を相手にやってもこの投手で続投させるのか。選択によって、勝利への方程式は異なるということを尾花は王に伝えた。

打撃で超一流の王は、高校時代まで投手だった自負もあっただろう。だが元プロ野球の投手で、プロの投手コーチとして実績を積み、明晰な理論を持つ尾花に「ゆだねる」ことを覚えた瞬間だった。相手のプロの部分を認め、何かを「託す」ことの大切さを知った転機でもあった。

「人間は、自信がついてくると素直になれる」

現役選手時代に体得した真理を、監督としても実践した。

何歳になってもどの立場になっても、教えを請う。相手を信じて任せる。プロとして信頼することで、王の幅と奥行きはまた広がりを見せたと言える。「尾花の存在によって王は変わった」とベテラン記者が分析するほど、大きくて大切な変化となった。

パソコンが発売され始めた頃からいち早く操り、Eメールを駆使し、携帯電話を使いこなすほど機械好きで知られる王は、新機種が発売されると即購入する。熱心に使い方を質問したり、話題をふる王に、年代の若い記者やチーム関係者は、王から頼られたことが嬉しく、誇りに感じながら説明している。プロ野球界の現役最年長投手で、ダイエー時代に王のもとで過ごした投手、工藤が分析した。

「ダイエーの監督に就任した当初は〝オレが何とかする〟という気持ちが強かったな。それが逆に空回りしているときもあった。徐々に冷静になって選手を信用してくれるようになったね。言いたいこともこらえていたし。昔は試合に負ければすぐにミーティング。でも、そんなときでも王監督は〝負けたからミーティングするわけじゃないんだぞ〟と選手に言い聞かせて、〝負けてもいいや〟というチームの体質を変えてくれた」

「自分を変える」というプライド

ダイエーとの5年契約の最終年となった1999年の2月、高知で行った春季キャンプの地は、まさに閑古鳥《かんこどり》が鳴くほど閑散としていた。

監督就任から4年連続で優勝を逃す王とチームに、世間の注目は、シーズン前から低かった。スポーツ紙によるシーズンの予想順位は、各紙で最下位と位置づけられ、キャンプ地の市内東部を訪れる野球評論家や記者の数はまばらだった。

王に初めて取材するために訪れた私は、球場のスタンドにいるファンの数の少なさに、正直驚いた。チームは低迷し、長らく東京を離れている王について報道されることもめっきり減っていた頃だとは言え、天下の王である。

だが、グラウンドにも観客席にも数えられるほどしか人がいない有様だった。まだ冬の名残がある寒々しい空気の中、王の周りを取り囲む報道陣も少なかった。胸を張って笑顔で挨拶してくれた王が、痛々しく見えた。

この年の高知県内では、現在メジャーで活躍する松坂大輔が入団した西武が春野でキャンプを張り、全国人気を誇る阪神も、安芸で監督1年目の野村を迎えて空前の熱狂ぶりを誇っていた。観客の入りも報道陣も、すべてその2チームに流れていた。

優勝ができなければ『今季限りで辞任』の声が、まことしやかに流れていた。

「契約満期まで残り1年。それで退いてもらえば、王の名前にも傷がつかない」

解任を模索していた一部の球団首脳にとって、王のクビを切るために待たなければならない最後の1年だった。それは既定路線であり、もはや期待度は著しく低かった。

悪いうわさはもう一つあった。巨人と西武を中心に、プロ野球を1リーグ制に移行するという話が出ていたのだ。

「そろそろホークスが優勝しないと、1リーグ制の話は現実味を帯びてくる」

という話が球界に流れていた。

当時、セ・パ両リーグ12球団のチーム数を段階的に減らし、最終的には8球団にする案があった。プロ野球界から4球団が消えれば、1球団当たり一軍選手は約28人。一軍だけで約100人の選手が〝職場〟を失う危機感があった。

「この1年で王さんはクビ、オレもクビ。みんなあぶれる。何よりも王さんにユニホームを脱がせてはならない。王さんをアウトローで終わらせちゃダメ。〝王は、さすがだ〟と言われる存在なんだから」

この時期、尾花と話しているとき、幾度となくこの言葉が口から飛び出した。あとがない悲壮な危機感はコーチにも漂っていた。

そんな重苦しい空気に包まれたこの年、ようやく王ダイエーは待望の初優勝を遂げ、日本一を達成したのだ。ファンから生卵をぶつけられてから3年目のことだった。

九州に本拠地を置く球団として西鉄ライオンズ以来36年ぶりの快挙。これで完全に地元の人々の心をつかんだ。王には史上5人目となる両リーグで優勝監督という勲章も加わった。翌年も連覇した。かつての負け犬集団は、いまや常勝軍団と呼ばれるようになった。

しかし2008年、チームは最下位になった。だがもはや、最下位になったことがニュースになるほど常勝チームに成長したと言える。

勝って騒がれるのではなく、負けて騒がれることこそ一流の証。王が泥をなめて這い上がり、つかんできたものは、勝利という結果だけではない。あきらめず常に自分の最大限を発揮する精神力。努力と変化を惜しまない気迫をチームに教え込んだ。

何よりも、王自身が組織を動かすことは一人ではできないと〝弱い自分〟を受け入れたことが、すべてを変えた一番の〝転機〟だったに違いない。

第2章 The Road of *the* King

人を変える
リーダーとしての技術

1

他者への共感が人の気持ちを動かす

目標設定は自分と相手をつなぐ架け橋

14年間の監督生活で作ったホークスの歴史で、最も大切だった初優勝。夢を語るリーダーに、人は魅了される。それを証明した出来事だった。

「おまえたちを優勝させたい。優勝を味わわせたい。そしたら、選手は変わるから」ホークスの監督に就任してから常に言い続けてきた王は、誰よりも熱い夢を持ち、それをチーム共通の目標に掲げた。目標を設定し、高らかに宣言する理由は二つある。

一つは、言葉にすることで、自分や周囲のモチベーションを上げるためである。現在、どのレベルまで達成しているのか、状況や習熟度を確認するためだ。

より明確に言葉で仲間と「目標設定」を確認し合う機会がある。春季・秋季などキャンプ中である。毎朝、宿舎の庭で体操をした後、選手はやはり円陣を組む。そこで順番が割り当てられた選手が円陣の真ん中に立つと、その日の自分の練習目標や課題を大声で誓うのだ。

「自分は、きょうは○本、打ち込みます!!」

絶叫する松中信彦の声に取り囲む選手たちが「おお！」と歓声をあげて盛り上げる。自分の「体と脳」に、やるべき目標や練習内容を自分の「言葉」に置き換えて発信する。なりたい自分を言語化することで、自分の耳から入った情報を脳がしっかりとキャッチする。そして実行に移せるように体の各器官に指令を出すのだ。自分へのやりがいと仲間への責任の両方を一度で味わえるとも言える。福岡へ来たとき、〝外様〟で孤立していた王が不遇の時代に少しでもみんなと気持ちを一つにしたいという思いで始めたものだ。

子供の頃にやっていたスポーツやアマチュアスポーツでは、掛け声や円陣を組んで鼓舞《こぶ》するスタイルは珍しくない。だがプロ野球選手にとって、気恥ずかしくも見える〝言葉で宣言する〟やり方は、新鮮であり、かつプロ意識を再認識させる絶好の場になっている。

目標設定をする二つ目の理由は、リーダーが実現したいビジョンを、チームという名の組織に誤りなく伝え、意思統一を図り、モチベーションを上げていくためだ。

本拠地・福岡でのホーム試合前の練習。グラウンド中央での円陣を組んだミーティングで、それは行われている。相手チームのデータ分析や綿密な情報を伝える作戦会議は、じつは別にロッカールームで行っている。グラウンドでのミーティングは、「目標設定と確認」の意味合いを持つ。王監督やコーチ、選手だけでなく、マネージャーや打撃投手、ふだんは選手と接点が少ないスコアラーら裏方も全員集合する。

時間はわずか数分程度。球団としての連絡事項や一軍昇格した選手の紹介など、数十秒で終わることもある。だが戦う直前、チームの仲間が全員顔を合わせ、「きょうも頑張ろう」「勝とう」と意思統一をすることは、見えないつながりを生み、力を発揮させる。

選手だけではない。試合中はベンチに姿を見せないスコアラーや打撃投手にいたるまでチーム目標を浸透させる。これにより見えない仲間との絆と信頼を実感できる。個々の役割を改めて心に刻ませる。これがモチベーションを上げるための最高のツールとなる。

第1回のWBCに向けた日本代表の初集合の地は福岡だった。代表監督に就任した王が、代表選手に挨拶をしたのは2006年2月21日。

「快く参加してくれて、ありがとう。メジャーの選手も一緒に戦う初めての真剣勝負。まずアジアを勝ち抜いて、日本野球の将来のために、気持ちを一つにして頑張ろう」

監督による高い目標設定が宣言された瞬間だった。

まだ一度も開催されていない大会について、日本プロ野球の各球団の足並みがそろっていたわけではなかった。大会や運営に対して疑問を持つ選手や関係者もいた。微妙な雰囲気の中で、指揮官が大きな目標を掲げて見せたとき、選手の迷いは吹き飛んだはずだ。

「目標とは期限付きの夢」であると米国で人間関係を研究したデール・カーネギーは言った。リーダーは、その第一声に選手と監督の共通のビジョンを込めた。これが世界一に輝いた王ジャパンの、最初の一歩だった。ホークスでの初優勝、WBCの世界一は、選手に喜びや自信、プロの自覚を促した。リーダーにとって最も嬉しい瞬間だったに違いない。

部下のモチベーションを上げるリーダー。やる気を壊さずふてくされさせない。自信を失わせず迷走させない。意欲的に選手と前向きなエネルギーを分かち合ってきた。

ねぎらい、感謝を忘れない

王という人間の辞書には〝あうんの呼吸〟という文字はないのかもしれない。王はどんなときでも、相手に向かってはっきりと、言葉でねぎらいなど感謝の思いを伝えることを基本にしている。〝あうんの呼吸〟とは、「すべて言わなくても、わかってくれるはず」「言葉にしなくても察してくれるだろう」と言葉を必要とせず、気持ちが一致すると考えるコミュニケーションのことである。WBC優勝直後の祝勝会で、105本のシャンパンを開けながらはしゃぐ選手たちを前に、王も興奮していた。

「最高、最高！　選手は素晴らしかった。この選手たちにねえ、指揮を執れたことを感謝しています。本当にありがとうございました！」

「選手の意識が素晴らしかった。選手の純粋な気持ちが伝わってきた。こういうチームを率いらせていただいて、嬉しかった！」

テレビ取材に応じ、選手を手放しで賞賛する王が大写しされた。シャンパンにまみれた顔をくしゃくしゃにして喜び、上ずった声で感情をたかぶらせた姿には、みじんの計算や偽りも見えなかった。乾杯の際、王は選手に向かってこう掛け声をかけた。

「諸君は素晴らしい！　きょうは思い切って（シャンパンファイトを）やろうぜ！」

監督と選手の一体感はグラウンドの中だけではなかった。グラウンドの外であるパーティー会場で、恥ずかしげもなくねぎらう指揮官と、歓声で応える選手たちに、テレビを見ていた人たちも温かい気持ちになっただろう。

上司が部下のことをねぎらったり、感謝の言葉を口にする。一見、何気ないスポーツの祝勝会の風景だが、実社会において、仕事やプロジェクトを成功させた部下の何割が、上司にねぎらわれた経験があるのだろうか。どれだけの数のリーダーが、その思いをはしょらず、テレ臭さを言い訳にせず、言葉に置き換えて伝えているのか？

「言葉は小さな贈り物」だという。ほめられて嬉しいのは子供だけではない。ねぎらわれることで、これまでの自分に自信を持てる。より高いパフォーマンスが出せる気さえもしてくる。今後の自分にやる気と夢も持てる。自分の過去と未来がつながっていると気づき、その〝架け橋〟を渡って、前向きな力がわいてくるのだ。

ほめた側にもメリットはある。人から認められたいという欲求を満たすこと、達成感を染みつかせること、この二つを相手に与えることができる。人間関係のあり方について多くの著書を持つカーネギーは、「ほんのちょっとした認知、タイミングのいい激励のたった一言が、単に真面目なふつうの従業員を素晴らしい社員へと変えるのである」とその効果の重要性を教えている。

日本では〝賞賛の文化〟は一般的ではないかもしれない。だが言葉でねぎらわれて、不愉快だという人は少ないだろう。大会前は期待値が低かったＷＢＣは、王が率いる日本代表が奇跡的な勝利を重ねて、一気に国民の注目を集めた。ポジティブな言葉を大切にする〝彼らしさ〟に惹きつけられたのは、選手たちだけではなかったはずだ。

「最高のメンバーが、最高の状態に仕上げてくれた。監督が何もしないから、コーチ陣が一生懸命動いてくれたんだ」

選手とコーチという部下をほめ称えながら、チームを鼓舞し続けたイチローにも、「ありがとう、君のおかげだ」と感謝を直接伝えた。「世界の王選手を、世界の王監督にしたかった」と奮闘した天才プレーヤーは、夢見心地で受け取った言葉だったに違いない。イチローは嬉しさと同時に冷静に客観視もしていた。

「日本であれほどのスーパースターでありながら、それでも選手を立ててくれる。本当にすごいと思いました」

自分の組織だけではない。直接・間接を問わず、自分にかかわるすべての周囲に対して感謝の念を忘れない。２００7年のホークスの春季キャンプで、宮崎に場所を移して4年目。過去最高の25万人超というファンが訪れた。

「たくさんのファンが来てくれたのは、マスコミのみなさんのおかげ。感謝しないといけない」

行動でも相手への感謝は伝えられる。今でも野球ファンに語り継がれるドリームマッチ、王ホークス対長嶋巨人による２０００年の日本シリーズでのことだ。チケットは空前のプレミアム状態になり、リーグ優勝のマジックが点灯してから、王は日本野球機構（ＮＰＢ）やコミッショナー、チーム関係者に連日電話を入れてチケットを探し、各チームの割り当て入場券までかき集めて、Ｓ席１００枚を含む計４００枚を確保した。それは関東に家族が住むコーチや裏方をねぎらおうと、自らのポケットマネーでプレゼントするためだった。シリーズ直前の練習後、コーチらがそれぞれ監督室に呼ばれた。招集された理由がわからず緊張して入室した当時の投手コーチ尾花は、チケットを10枚渡された。

「気持ちだ！」

遠慮する尾花の手に、無理やり握らせたチケットには、王から部下への感謝がつまっていた。

「感謝の心、言葉を、いつも持っている人。なかなかできないよ。いつも監督を見ていて、〝こんなに忙しいのに…〟と頭が下がった。王さんからは、人としてどうあるべきか、を教わった」

尾花らチケットをもらった関係者は「涙が出るほど嬉しかった」と取材をしていた私に教えてくれた。

相手が喜ぶことをする。それは粋で温かい空間を作り上げる。

部下へ感謝の思いを伝える。王が尊敬される存在になったのは、決して野球の「実績」だけではないのだ。それは膨大な時間と回数にわたり、言葉や行動で、自らの思いやりや感謝、気遣いを伝えてきた積み重ねの証なのである。

ホークスのキャンプには連日、王宛てに多くの差し入れ品が届く。その数は期間中、約300個にものぼる。王はときにお礼の手紙を書き、電話をかける。既知の人だけでなく、ファンから送られてきた差し入れに対してもマネージャー経由で礼を述べる。時間を見つけては、せっせと筆を走らせ忙しい中で日に5通程度の手紙をしたためてきた。

他者のために熱くなれるか

遠征など外へ出向くと、その土地の名産品を購入し、単身赴任のコーチやスタッフが自宅に帰る際、「子供さんにはこれ、奥さんにはこれを渡してね」と手土産を持たせた。言葉と行動を出し惜しみしないのだ。

人は、ほめられると嬉しい生き物だ。そして相手をほめることも、目の前にその相手がいれば、まだやりやすいだろう。

しかし最もすごいのは、本人が不在のときに、そのいない人をほめることだ。あとで伝え聞いた本人の喜びは強いだろう。そして不思議なことに、ほめている側の人も、強い喜びを味わっていることがある。

これに気づいたのは、王の取材を重ねていたときだった。私に、王について語った人々は、まるで自分のことのように誇らしげに、嬉しそうに、とっておきのエピソードとともに、王のすごさを教えてくれた。目の前にいない王をほめることで、自分もまた喜びに浸っていた。そこには本当の意味での愛情と感謝がつまっているからだと思う。

聞いている人の心の温度が上がるような不思議な感覚は、私を心地よくさせた。ほめている側の人の潔さと美しさも感じられた。人をねぎらい、賞賛して人の心を熱くする王は、「王のことを語る人」に大きな喜びを与えている。同時に、人々の笑顔から王自身も喜びを得ているのだと思う。

日本人のノーベル賞受賞者が続出した2008年秋、京都大学名誉教授の益川敏英は物理学の分野で受賞。その直後は「別に嬉しくない」と突っぱねた。だが同時受賞が決まった米国・シカゴ大学の名誉教授、南部陽一郎について尋ねられると表情が一変した。

「南部先生に獲っていただいたことが一番嬉しい。アイデアマンで、我々に注意を喚起してくれる。大変尊敬している。今回のことで一番感激したことは南部先生とご一緒したこと。その大先生と我々が一緒にいただけるのは非常に感激です」

「南部先生は偉大な物理学者で、仰ぎ見ながら成長してきた。先生とご一緒に受賞できたことは最大の喜びです」

ややシニカルに天邪鬼《あまのじゃく》を装っていた益川は、突然感極《かんきわ》まった様子で言葉に詰まりハンカチで涙をぬぐった。大学院の学生の頃、南部の論文を読み漁った。「しゃぶりつくした。それが後の私の研究の基礎になった」と尊敬する先輩の朗報を心底喜んでいた。その姿は可愛らしく、内面の素直さを美しく映し出した。

人のことを思いやって流す涙こそ美しいのだと信じている。それが喜びの涙なら人は温かい気持ちになれる。悲しみの涙なら自分は一人ではないと実感できる。他人のために泣けるか。喜びをともにできるか。

そして、本人が不在のところで、その気持ちを表す純粋さを持つ大人こそ、粋であり素直に格好良い。誰かの心を揺さぶる王や南部はもちろんすごい存在だ。だが揺さぶられた自分を隠すことなく、他人に見せられる姿にこそ、人があるべき美しさが宿っている。

感じたことを言葉に。それを伝えることが優しさ

「言葉に出しなさい。相手にわからせるのは、言葉だろ。目と目を見ていたって、相手の気持ちまでわからないだろ？　恋愛だって、相手のことを好きとか、愛しているとか、言わないと伝わらないじゃないか。選手にも、言葉で伝えろ」

冗談めかしながら、何度もコーチ陣に繰り返し伝えてきた王の本心は、「思いは持っているだけでは意味がない」という結論だったと思う。感謝を伝えたりプレーを教えたりすることは、言葉の力で行うべきなのだ。

スポーツやビジネスなど〝戦いの舞台〟では、とくに必要な要素となる。国際交流が進み、インターネットの普及で世界は格段に狭くなった。ビジネスでもプライベートでも、グローバル化の勢いは止まらない。言葉で語ることを苦手としてきた日本人は、他の国の人から見ると「不気味で、何も考えていないように映る」ことがあるらしい。私も留学中に知り合ったスペイン人の学生からそう言われたことがある。

流行語になった「K・Y」とは、〝空気（K）が、読めない（Y）人〟のことである。場の空気に合わない発言や態度を気づかずに行う人を指す。これは地理的要素が関係するだろう。縦に細長い島国。周囲を海に囲まれる日本は、完全なる異文化の諸外国との戦いを数多く経験しているわけではない。日本人どうしなら、ちょっとしたしぐさや視線や雰囲気で「相手の気持ちを想像する」ことに長けている。これは日本人の特性であり、美徳でもある。

一方で、王の父・仕福が生まれた中国は、何十と異なる民族がいて言語も異なる。欧州はさらに苛酷《かこく》である。国や言葉、宗教に文化、習慣がまったく異なる環境で、境界線がない同じ陸地で生きてきた。「あなたに感謝している」「私はいやだ」など、よいことも悪いことも、言葉で伝えて、敵意がないことや自分の権利を主張してきた。自分の生活をおびやかされたくなかったら、相手に説明するしかなかったのだ。

言葉にしない美徳はある。だが、一方で人と人との交わりは、言葉でしか伝えられないこともまた事実である。その重要度は、文化や情報、コミュニケーションの〝国境〟がなくなりつつある今後、なおさら度合いを高めていく。気心知れた家族や仲間ならいざ知らず、ビジネスフィールドや他の文化との交流では、感じる心を言葉に置き換える技術、伝える努力を怠ってはいけないだろう。

部下の障害や問題を解決する

リーダーの条件は、ねぎらいや感謝というある意味で甘言《かんげん》を伝えることではない。状況を見極め、情に流されず、厳しい言葉や選択をすることこそが求められる。自らや相手に痛みを伴う決断にこそ、リーダーの力量が試されているのではないだろうか。

ダイエーホークスにとって悲願の初の日本一。それから数日、まだ勝利の余韻《よいん》もさめやらない1999年のシーズン最終戦。一人のコーチが監督室に報告に来た。

「辞めさせてください」

「……おまえがやりやすいようにするから！」

「……ハイ！」

会話はわずか3つのやりとりで終わった。投手コーチの尾花が入団して1年。チーム内で強い批判にさらされていた。南海、ダイエーと二つのホークスの歴史に何の縁もない〝外様〟のコーチであり、ロッテのGM広岡、野村ヤクルトで野球理論を徹底的に仕込まれた尾花の冷静な理論や分析スタイルを煙たがる一派が確かに存在した。コーチ陣の中には、尾花だけでなく王の悪口も選手に吹き込み、「あいつは1年で追い出す」と尾花を辞任に追い込むことを公言する者さえいた。優勝という結果は出した。責任を全うしたことを置き土産に、尾花はやりきれない現実から去ろうと辞任を決断した。だが王の行動は早かった。

「わかってもらえないコーチや選手。本当にマイナス要素があると思う人は、どんどん外していった。思い切って入れ替えた」

王は周囲の状況を客観的に見つめた上でコーチを刷新した。尾花を残し、壁を作るコーチを一掃した。好き嫌いで判断したのではない。

—人の好き嫌いでは動かない—。周囲に注目され続けるストレスにさらされながら、王が守り続けるこの特徴には、三つの理由があった。まずプロの世界で戦ってきた現実だ。プロとは「できるか、できないか」「やったか、やらなかったか」を問う世界である。そこで若いうちから結果を出してきた王の揺るがないプロ意識の表れである。

二つ目は世界記録を作った『ヒーロー』であり、国民栄誉賞を1977年に37歳の若さで受賞し『国民の英雄』になったことだ。自らのカリスマ性を意識せざるを得ないからこそ、自分を求めてくる相手に冷たく接することはできない。自分のせいで人が傷つくことを最も気にかけてきた。

そして三つ目は父・仕福の教えである。人に迷惑をかけるな、人を差別してはいけないと口をすっぱくして言われ続けた息子は、大人になってもそれを実践し続けてきた。そう、いつも心の扉を開けてきたのだ。

必要な者を残し、刷新すべきは行う。〝王イズム〟を伝承できる組閣に切り替えていった。部下が困っているとき、公平に救いの手を差し伸べられるだろうか。組織に必要な選択を、心を鬼にして実行できるだろうか。見極める難しさを経て、この選択が弱小ホークスを『投手王国』に変えるきっかけとなったのは間違いないだろう。

コミュニケーションも実践で上達する

「オレや、コーチの替えはいくらでもある。選手の替えはない。それだけはわかってくれ。それがプロだ。コーチなら勉強しろ。コーチの能力は3年で尽きる」

1997年から10年間、ホークスの守備走塁コーチとして王を支えた島田誠は、評論家として訪れた福岡のドーム内で、カレーを食べる手を休めて宙を見つめた。懐かしく思い返していた。

「王さんの口癖は〝コーチの能力は3年で尽きる〟だった。しょっちゅう言われたね」

監督と選手の間に位置しているのが、コーチである。いわば〝中間管理職〟だ。彼らの役割は、監督の意思をわかりやすく選手に伝達し、個々の担当業務で選手に結果を出させることである。王は、コーチが自らの選手時代の実績に執着することを憂慮していた。技術というものは日々、変化し進歩しているからだ。過去の成功体験が通用する時間はきわめて短い。

「コーチが勉強してくれないと、チームは強くならない。コーチが現役時代にやっていたことを選手にやらせても、3年ほどで選手は飽きる。キミたちが率先して新しい情報の吸収をやってくれ。常に研究しなさい」

必要な技術は、野球に関する内容だけではなかった。選手への指導方法や接し方まで、厳しく高い指示を出した。コーチの自覚と誇りを促すためだった。結果を求められるのは、実際に動く選手だけではないはずだ。結果が見えにくい〝中間管理職〟のコーチ陣こそ、結果を問われるべき。王はそう考えていたに違いない。

「選手に一つ教えるのに、選手ができるようになるまでしっかりとやってくれ。次の段階へ行くまで見てくれ。段階を踏んで教えてほしい」

「学ぶ」ということは、いくつかの段階を必要とする。知る、頭でわかる（意識）、納得する（無意識領域）、場数を踏む（行動）ことでできるようになる。英会話と同じように、コミュニケーションも実践によって上達するのである。

知らずに偶然行ったことを、意識的に戦略的に実践する。それが無意識で行えるレベルに高まり、相手に寄り添えるようになれば本物だ。深みを増す。

「心が変われば行動が変わる、行動が変われば習慣が変わる、習慣が変われば人格が変わる、人格が変われば運命が変わる」。メジャーリーガーの松井秀喜を育てた星稜高校の総監督・山下智茂は、こう言って選手を育ててきた。

リーダーは真実を知っている。王は自らの心を変える勇気を持ち、行動によって変化へ挑んだ。それはいつしか自らとチームに良き習慣を定着させ、王自身と選手の間には信頼関係を築かせ、個々には自信をもたらした。王やホークスが得たのは栄光という「結果」だけではない。痛みや恐れに対して勇気を持って立ち向かってきた「経過」こそが、無形の存在感として今、周囲に光を放っているのだと信じる。

2

怒る技術を磨く

アンガー・マネジメントの実践

まだダイエーで優勝したことがなかった暗黒時代、1997年5月7日の西武戦は、21対0と記録的な大敗を喫した。試合後、投手コーチの村田に、王はコーヒーの入った紙コップを投げつけた。怒った理由は選手のプライドを引き裂いたからだった。試合後の王は、7回から3イニングを投げて11被安打9失点の投手の二軍落ちを決めた。それをコーチ陣が他の選手たちの前で〝二軍決定〟を告げたことへの怒りだった。

「あれだけみんなの前で言うな、と言ったじゃないか！　選手には家族もいればプライドもある。そういうデリケートな話は、個別に呼んで伝えろ」

試合後のミーティングは、二軍落ちを宣告する見せしめの場ではない。

選手の立場や気持ちも思いやった上での、王には珍しい怒りの発信は、今でも大切な教訓としてチーム関係者の心に残っている。リーダーが組織を引っ張るとき、「叱るタイミングが大切な要素となってくる」と王は考えている。

アンガー・マネジメントという言葉が注目されている。

いま、怒りを抑えられない人が増えているという。暴行事件の検挙件数は10年前の約4倍に急増した（2007年警視庁統計）。年齢で見ると10代の伸び率は横ばいだが、60歳以上では12・5倍、50代も5・6倍と中高年の増加が際立つ。暴行事件の原因の8割は「憤怒」。怒りを抑えられない傾向にある。人の悩みの9割は人間関係といわれる中、感情と行動の間にある糸が切れた人々が即、行動に結びつけてしまうのだ（「職場のコミュニケーションに関する研究」ライフバランスマネジメント社）。

職場でも、自分の怒りをコントロールしたり、部下の怒りをコントロールする〝アンガー・マネジメント〟が求められている。成果主義の偏重により、成果が上がらなかった社員はやる気をなくし、うつになる人さえいる。そんな中、成果主義の最たるものであるはずのプロ野球で、王のラストシーズンは最下位だったにもかかわらず、周囲は温かい気持ちで見送った。部下にあたる選手も空回りはしたが、戦いへのやる気はあった。成果偏重では終わらない何かを見出したのだろう。

イライラが募り、短絡的な事件や病気につながるのを避けるためには、怒りが暴走しそうな部下を適切な方向へ導くことも大切な役割だ。ネガティブな感情を伝えるのは難しい。1999年3月、横浜とのオープン戦で大敗した後、当時、監督付マネージャーだった加藤が、王の部屋を訪ねた。

「一言、言ってもいいですか？　勝てる気がしない。〝オープン戦だから仕方がない〟と、球団幹部の人たちは負けても危機感がない。アマチュアスポーツでもマラソンやバレーで選手が日の丸を付けたら、負けると（引退勧告や廃部によって）事務職へ異動になっちゃうのに……。プロなのに対策をとらない球団幹部やコーチの意図がわからない」

加藤は、大学時代に体育会・テニス部で活躍。ダイエー入社後も陸上部やバレー部を担当したスポーツ熱血漢だった。アマチュアスポーツより金銭面を含めて環境的に恵まれるプロ、ホークスの不甲斐なさが堪えられなかった。王は諭した。

「上司は使いようだよ。キミは手柄を取りたいのか？　そうじゃないだろう？　うまく上司を使って〝強くしたい、強いチームを作りたい〟という方向につなげれば？　キミはチームの裏方や選手からは信用を得ている。上に対して思いが伝わるようにやれ。我を通す必要はない。正論を言う必要はないんだ」

怒りを客観的に捉えて適切に人の心とタイミングを計ること。指揮官も現実を知っている。部下の辛さを見据えた上での長期的な戦略を知り、加藤は反省と感謝の思いで号泣した。

あえて怒りを見せるとき

怒りのコントロールとは、まったく怒らないという意味ではない。必要とあれば、その感情を見せる。2000年の日本シリーズは王ホークス対長嶋巨人の〝ONシリーズ〟として盛況だった。日本一を逃した後、宿舎に戻っても負けを受け入れられなかった王は、1階の喫茶店に選手や関係者を全員集合させた。

「さあ、ビールを持て。1年間、お疲れ様」

アンダーシャツ姿でベルトをゆるめてリラックスした表情ながら、悔し泣きしたあとがはっきりとわかるほど、目は充血していた。だがシーズンを戦い抜いたチームをねぎらう場所に、当時の球団社長やオーナー代行ら球団幹部の姿はなかった。そのとき、チーム関係者に王の怒号が飛んだ。

「何なんだ、このチームは！　すぐ呼べ！　何でフロントが現場をねぎらわないんだ？今しか感謝を表現できないだろう？　ここまで来られたのは裏方をはじめ、選手が頑張ってきたからじゃないか！」

呼ばれてやってきた球団幹部に、王は「こんな対応だから勝てないんでしょう？」と怒りを見せると部屋にこもった。そして午前3時まで一人で号泣していたという。王の宿泊先のホテルのフロントへ深夜、バスタオルを借りたいと申し出があった。ホテルの係員からタオルを受け取った王の目は真っ赤に泣きはらしたあとがついていた。このことを知ったマネージャーの加藤らチームスタッフには、王の悔しさと情けなさが痛いほど伝わった。

「王さんも怒ることがあるんだ。心の中にある辛さを出してくれて、ある意味でホッとした部分もあった」と加藤は目を潤《うる》ませた。

感情を見せる。大人になると、喜怒哀楽を出すことが困難な状況は増える。その上、経験も増える。感激したり刺激を受けるようなことはだんだん減ってしまう。

王の瞳は雄弁である。年齢や性別、国籍という壁があるとき、その人を最も語るのは瞳だ。ビジネスや恋愛、友情といった人間関係において、「また会いたい」「この人とつながりたい」と気持ちが傾くのは、その人が語る言葉だけではない。発しているポジティブな空気は、瞳からも発信されている。人生や自分に対する思いが凝縮しているはずだ。

負のエネルギーは引きずらない

仙台で迎えたオリックス戦の試合中、事件は勃発《ぼっぱつ》した。

守備走塁コーチになって4年目の島田は、自分を変えるきっかけとなった2000年6月6日の出来事を、今でもはっきりと覚えている。試合途中で1対0で勝っていた攻撃のとき、打者が塁に出た。待望の追加点のチャンス。「ここで簡単に盗塁をさせたくない」と慎重に追加点を狙っていた王の気持ちとは裏腹に、盗塁のサインを任されていた島田は走者を走らせた。結果はアウトになった。

「なんで走らせた！」

「任されていたから、判断したんです。走らせたくなかったら、そう指示を出してくださいよ！」

「オレを見ていてわからないのか？」

「わかりません。全権は監督にある。ストップと言ってくれれば！」

選手やコーチがいるベンチの中で、感情的にリーダーに向かって反旗を翻《ひるがえ》してしまった。二人の怒鳴り声にベンチは静まり返った。翌日、島田は二軍へ行くことになった。

「監督に怒鳴り返し、恥をかかせてしまった。二度と一軍昇格は難しいだろう」

島田は今季での解雇も覚悟した。だが翌シーズン、島田は一軍ベンチに座っていた。

「自分を見つめなおす機会になったね。有頂天になっていたんだ。あれがなかったら成長していなかった。〝コーチの能力は3年で尽きる〟と王さんはよく言っていたけど、自分はちょうど3年が終わって4年目だったんだ。〝勉強して来い〟と送り出してもらったものと思っている」

一軍コーチとして復帰した2001年のシーズン、2003年と2度、井口に盗塁王を獲らせた。二軍コーチのときにルーキーだった川崎宗則には4ヶ月間、徹底的にプロの走塁を仕込んだ。そして2003年、ホークスはシーズンで147盗塁をマークした。これは全球団で1位の記録だった。盗塁数で井口を筆頭に、2位村松有人、3位川崎と独占。

チームが日本一になる原動力の一つになった。走塁の劇的な成果を報道陣に問われた王は、こう叫んだ。

「走塁？　それは島田に任せているんだ。島田に聞いて！」

記者とのやり取りが聞こえていた島田は、ありがたくて涙がにじんで仕方がなかった、と思い出しながら、また涙ぐんだ。

「けがの功名。王さんのおかげ。〝あいつも二軍で一生懸命にやってきたんだな〟と見てくれていたんでしょう」

現場に尽くす気持ちが最大パフォーマンスを生む

現役選手を引退し、巨人の助監督に就任した1980年のオフ。王を交えて家族で朝食をとっていると、当時小学3年の三女・理沙が恥ずかしそうに、父親に尋ねた。

「お父さまは偉くなったの？」

選手から助監督になった父親が連日、新聞やテレビで大きく映し出される。プロ野球に詳しくない幼い子供でも、学校の友人ら周囲の人間から、「お父さん、すごいのね」と口々に言われていたのだろう。だが、王は娘に静かに言い聞かせたという。

「ちがうよ。お父さんは偉くなくなったんだ。一番偉いのは選手なんだよ」

最も偉いのは監督ではなく選手である。自らの腕一つで相手をねじ伏せる、勝負を決することができるからだ。この考えは、会社を経営する社長ではなく、現場を生きる部下こそが偉い、というものと同じである。これは生涯変わらない王の考えの一つだ。

これこそが米国でマネジメント研究の権威、ロバート・K・グリーンリーフが提唱したリーダーのあり方、〝サーバント・リーダーシップ〟そのものである。これは、「リーダーは部下にサーバント（奉仕する人）として尽くす」という考え方である。

一般的に、リーダーは上から指揮命令して、フォロアー（部下）を動かす。しかし、サーバント・リーダーシップにおけるリーダーは、フォロアーを信頼して支える献身的な心を持った存在であり、フォロアーと深い信頼関係で結ばれている。

フォロアーの自主性を尊重し、尽くし、彼らが成果をあげるための支援を行う。フォロアーの力を引き出す能力を持つことに重きを置いており、常に理念や信条、方針をフォロアーにさらけ出すことで、「この人にならば付いていきたい」と思わせる資質と能力を持っていることも不可欠である。

常に現場を大切にし、フォロアーを支えて動く姿勢は、ある意味でキリスト教の奉仕の精神にも通じるかもしれない。従来のトップダウン型のリーダーシップとは、また別のよさを持つ。

まさに王はこのサーバント・リーダーシップを体現していた。巨人やダイエーの監督の当初に実施していたトップダウン型経営からの方向転換が、見事に成功したと言える。

王の代名詞と言えば、〝思いやり〟だ。

「王さんの悪口を言う人を見たことがない。偉くなるとバッシングとかありそうなのに、それもない」

と担当記者が胸を張った。人を統率して勝利に導く。はっきりと結果が出て、浮き沈みも激しいプロ野球界で、敵がいない。監督やコーチ就任には派閥も深くからむ環境で、派閥を持たずに成功する。これは稀有《けう》なことである。

リーダーは、部下の能力や魅力を引き出す環境を作ることこそ、仕事である。2002年の12月中旬、米国へ視察旅行に訪れた王はホワイトハウス内で、国家安全保障会議のアジア上級部長、ジェームズ・モリアティの招きによる野球談義を行った。「監督になってから、選手時代と何が一番変わったか」と問われたかつての偉大な選手は、その違いをこう分析した。

「監督の仕事は忍耐第一主義に、選手自らが働きやすい状態を作るためのモチベーションをいかに与えていくか、ということ。また、各選手が得意とする能力を効果的にいつ発揮させるべきか、です」

相手を許し、自らがまず実践する。チームにやる気を持たせるさまざまな取り組みを行い、環境を整える。選手やコーチを適材適所で配置する。相手の変化を待つ忍耐、そして痛みを伴う決断こそ、リーダーの果たすべき役割と言える。

では一流選手ばかりが集まった〝エリート集団〟を率いて短期決戦で結果を出す際、最も重要であり骨が折れることは何か。日本を代表する選手を集めたWBCで最も心を砕いたことを尋ねた私に、トップレベルのリーダーならではの悩みを吐露《とろ》した。

「代表チームっていうのは、各チームの主力ばっかりでしょ？　でも控えで使わざるを得ない選手がいる。どうバランスを取るか、というのが、一番大変だったね」

ＷＢＣ１次リーグの韓国戦の前、スタメン落ちが決まった青木宣親（ヤクルト）を気遣って王が声をかけた。

「そういう気配りのできる監督でした。野球が好きなことが伝わってくるし、野球に対する情熱もすごい方だと思う」

と青木は感激した。素晴らしい力を持った野球エリートでも、場所と状況によってはチャンスを得られないこともある。そんな彼らの自尊心を壊すことなく、本人に伝え、理解を求める。言いづらいことをコーチにさせたり、逃げたりしない。失敗を公衆の面前で面罵することなく、相手の正面を向いて直接語りかける。だからこそ、試合に出た選手だけでなく、出なかった選手や裏方も含めて、ベンチは「この人を胴上げしたい」という共通の意識でまとまっていった。

その輪の中心がイチローだった。ミーティングでは毎回、一番前のテーブルの中央に位置する席に座り、王やコーチの言葉に必死で耳を傾けていた。

「うん、イチローはそういう面では、すごくチームをまとめてくれたね」

王も認めるイチローのリーダーシップ。これはよきリーダーのもとでこそ、よき次代のリーダーが育つことの証明だろう。

リーダーシップとは、誰か特別な、選ばれた人の〝専売特許〟ではない。手本に倣《なら》いつつ、独自に高めていくものだ。上司や社長という肩書きを持つ人の役割でもない。家族の中において、仲間や友人との絆において、夫婦や恋愛において、相手を支え導いていく役割は誰にでもあるはずである。

人の魅力とは、考え方、行動、感情、肉体を通して見ることができる。感情とは喜怒哀楽のことだ。そこに親しみを感じたり人間性を推し量《おはか》ったりすることで、相手との心理的な距離感が決まる。

「ビジネスとスポーツは似ている。やる気を引き出すためにはどのようなコミュニケーションをすればいいのか。スポーツのみならず、ビジネスでも重要な課題だろう」

夕刊フジ紙上で語った明治大学教授・齋藤孝の言葉は真理である。結果を追求するスポーツとビジネス。人間がコミュニケーションを取りながら推し進めるためには、組織を一つにまとめて動かしていくリーダーこそが不可欠である。

サーバント・リーダーの条件として、米国のグリーンリーフ・センター・アメリカ本部の所長ラリー・スピアーズが、グリーンリーフの考えを10個に整理し、定義した。

①傾聴…人の言うことがきちんと聞ける
②共感…同時に共感もできる
③癒し…困っている人がいたらそれに対して癒すことができる
④気づき…気づきに訴えることができる

⑤説得…何か大きな使命や目標を訴える説得力を持つ
⑥概念化…そのために自分の夢がきちんと概念化できている
⑦先見力、予見力
⑧執事役…大切なものを任せて信頼できると思われるような人
⑨人々の成長にかかわる…一人ひとりの成長に深くコミットできる
⑩コミュニティーづくり

これを蓄えること、進化させることが、新たなリーダーシップ像を作り上げる。

強いから謙虚、だから人が惹かれる

ホークスの監督として通算998勝。わずかに少し、1000勝には届かなかった。だがファンは王から1000勝以上の感動を与えてもらった。かつての負け犬集団は、いまや常勝軍団と呼ばれるまでになっていた。監督としてラスト試合となった2008年の最終戦が終了した後、記者会見場へ入ると、感謝と敬意を込めて帽子を取った王は、報道陣の目をしっかり見ながら言った。

「みなさん、ありがとう」

〝一流選手はオレ様、超一流の選手は謙虚〟

これまで接した多くのスポーツ選手との交流を通じて、私が体感した法則の一つである。人を見下して、自分の地位を上げるように見せかけない。相手を陥れることで、自分の優位性を示そうとしない。超一流の人は、真の自尊心を持っているため、不遜《ふそん》になる必要がないのだ。「オレのほうが上だ、偉い」と誇示する必要がないほど、しっかりと自分自身を受け入れ、愛している。自分に誇りを持ち、相手に敬意を持っているからこそ〝真の強さ〟を秘めている。強い者は、向上心を自分に向け、優しさこそ相手に向ける。

あの日、王より年長者である楽天監督・野村に、脱帽してから花を受け取った。グラウンドを去る瞬間、グラウンドとファンへ向かって静かに一礼した。

会見場に入室して並み居る報道陣に挨拶をすると、今度はテレビカメラを見据えて、画面の向こう側にいる視聴者へ、深々と頭を下げた。セレモニーの主役は自分でありながら、それを見守ってきた見えない存在に対しても、照れずに感謝を示せる。謙虚な思いで相手に向かえる強さがある。その所作と思いの美しさに、私たちは心を打たれるのだ。

The Road of *the* King 第3章

人を動かす「あり方」の哲学

1

WBC優勝に導いたのは采配ではなく「あり方」

世紀の大誤審への対応

２００６年3月、野球の世界一を決定する大会「ワールド・ベースボール・クラシック」（ＷＢＣ）が行われた。

記念すべき第1回大会は、野球発祥の地・米国で開催され、日本代表は奇跡的な展開で優勝。『世界一』の称号を手に入れた。日本では大会が進むにつれて徐々に注目が高まり、決勝ではテレビの瞬間最高視聴率は56％、平均43・4％（ビデオリサーチ関東地区）と驚異的な高さをマークした。

サッカーなど野球以外の競技の人気が定着し、野球界でも国内で活躍した一流選手が軒並み米国のメジャーリーグへ流出したことで、国内の野球人気が落ちていた昨今、『王ジャパン』の活躍は、野球界にとっても明るいニュースとなった。ふだん野球を見ない、スポーツに興味がない人までも惹きつけた真剣勝負は、王という圧倒的なカリスマ性を持つ指揮官のおかげで、より高まりを見せたと言える。

その効果は、勝利という「結果」からのみ発生したわけではない。大会中の事件や出来事への「対処方法」に惹きつけられた面も大きかった。

王の「あり方」を示す象徴的な事件があった。米国の球審による誤審騒動だ。

王の静かなる怒りが、日本人の心を震えさせた。同時に、王のリーダーシップの高さを再認識させる出来事となった。

王ジャパンは2次リーグで米国と対戦。日米トップ選手どうしによる初の真剣勝負で敗戦以上に悔しさを味わったのが、日本の勝ち越し点が、球審の〝疑惑〟の判定で覆《くつがえ》ったことだった。

3対3の同点で迎えた8回表、1死満塁。日本は勝ち越しのチャンスを迎え、岩村明憲（当時ヤクルト）が左飛を打ち上げ、三塁走者・西岡剛（ロッテ）が本塁に突っ込み、勝ち越した。米国側は、西岡の離塁が捕球より早いとアピールしたが、近くで判定した二塁塁審によって却下された。

ところが米国の監督、バック・マルティネスから抗議を受けた球審のボブ・デビッドソンが判定を覆し、日本の勝ち越し点は取り消されてしまった。大会を中継したスポーツチャンネルESPNは、そのプレー状況をスロー画面で繰り返し放送した。三塁走者・西岡は捕球後にスタートを切っていた。誤審は明らかだった。

その瞬間、王は首と右手の人差し指を横に振って「NO」を意思表示しながら、通訳を伴ってベンチを飛び出した。審判に毅然《きぜん》と抗議をする姿、必死の表情は、テレビで見守っていた人々に、悔しさと同時にある種の一体感、高ぶりを与えていた。体を張って戦う姿勢には気高ささえも感じさせた。内野守備走塁コーチを担当した辻発彦が「審判に向かっていく凛《りん》とした姿勢が格好よくて、鳥肌が立った」とため息をつくのも納得する姿だった。日本選手も守備につかず抗議の気持ちを表した。「監督が抗議しているのに、守備にはつけない。全員が納得いかないコール（判定）だった」とイチローがチームの思いを代弁した。だが明らかな正論は、受け入れられなかった。

1点差で惜敗。あの誤審さえなければ勝敗の行方は変わったかもしれない。だが、本当の〝勝負〟はここから始まったとも言える。試合後の記者会見は、王という人間が、野球の王道を真っ直ぐに歩んできたこと、スポーツマンシップの体現者であることを、まざまざと見せつけた。陰口は言わない。妥協もしない。はっきりと面と向かって主張する。人にも自分にもストイックである。その態度は、王についてよく知らない日本人でさえ、彼の本質を理解するには十分だった。

「一度試合で出たジャッジは、どれだけ抗議しても変わらないというのが、私がこれまで日本で習ってきて、やってきた野球だ。球審、塁審に関係なく、審判は同じ権利を持っている。一番近いところで見ている審判の、ジャッジを変えるということは、私が長くやってきた日本の野球では、見たことがありません。審判は4人いる。その4人は同等の判定する権利を持つ。それをオーバールール、オーバーコールで判定を覆すのは考えられない。それも野球がスタートした国であるアメリカで、こういうことがあってはならないと、私は思う」

ゆっくりと、言葉を短く刻みながら、整然と事の重要性を伝えた。深く染み入る主張。顔を上げ、強い視線は前を見つめたまま一切そらさなかった。厳しい表情を浮かべながらも、口調は感情を抑えたまま、よどみなく言い切った。

王道を極めた品格ある迫力。静かに吟味された力強い言葉。

その一つひとつが、多くの日本人が心にひそかに蓄えている〝誇り〟を揺さぶった。判定が再度、覆ることはなかった。試合にも負けた。だが日本人は大きなものを学んだ。不条理に泣き寝入りはしない。威厳を持って堂々と主張する大切さが、何よりの勝利であることを。

米国の記者も同席した会見で、自分のコメントが英語に訳されることは意識していただろう。だからこそ、あえてゆっくりとわかりやすく話し、英語に訳しやすい言葉をつなげたはずだ。後日、王に英語に訳されることを意識した話術だったかを訊いたが笑顔で否定した。それでも、会見で放たれた気高い空気は真の敗者がどちらなのかを教えてくれた。

翌日米国メディアは、審判が試合を台なしにしたと批判。米国を代表する新聞、ニューヨーク・タイムズは「ベースボールは、えこひいきに対する非難からは逃れられないだろう」と米国の勝利を皮肉を交えて報道した。米国人にも伝わる〝説得力〟だったのだ。優勝を目指すライバルの韓国でさえ新聞紙上で「温和な王監督も怒り心頭」と伝えた。

感情をコントロールする技術

エグゼクティブに対する服装や話術、態度などを指導するイメージコンサルタントとして知られる江木園貴は、王の言葉と態度から、改めて主張の方法を学んだという。

「一言一言を大切に、心を込めて話していました。〝これが言いたい〟と静かに、はっきりと伝えるやり方こそ、主張なのです。怒鳴ったり一方的に話せば、相手は萎縮したりしらける。反撃も考えるでしょう。だが、言う方が冷静で、さらに相手を尊重した発言が、米国人の心にも突き刺さったのでしょう」

怒鳴ったり、ものに当たって怒りをあらわにする。恐怖心で相手に言うことを聞かせるやり方もある。だがその方法は長続きしない。反発を食らうこともある。「あまり感情的に話すと、いくら正論を言っても、相手はその人自身を受け入れられない。そうすると、その人の意見も当然受け入れられないのです」

王が冷静に伝えたこと、そして「野球発祥の国」という米国が誇るアイデンティティーを口にして敬意を表したこと。これこそが、相手の心に最も働きかける〝説得〟であり〝納得〟につながった。クレームや主張の場面でなくても、相手に大切なことを伝えたいとき、講演や人前で話す機会などでは、「ハッキリ、クッキリ、強調したい部分は大きい声で、ゆっくりと伝えることが効果的である」と江木は、エグゼクティブに教えている。

人は、感情には感情で対応する。怒鳴れば、相手も心をかたくなにする。穏やかに伝えれば、相手も穏やかな気持ちでいられる。自分の態度は、相手と鏡になっているというたとえは正しい。感情論で昔の話まで持ち出して責めたりしない。これが国どうしのいさかいでも、夫婦どうしのけんかでも、必要な心持ちなのかもしれない。

王の態度で選手がチームとして一丸となった、と見る向きは多い。王が個人的な悪感情を見せずに主張をしたことで、選手には逆に内に秘めた思いが育った。「この人のために頑張ろう」というフォロアーの思いはリーダーが最も欲しい、でも与えることが難しいことである。誤審への対応によって「あの人に恥をかかせたくない」というサムライ魂が生まれた瞬間だった。

広い視野からの言葉に人は動かされる

誤審会見後、日本の報道陣の取材に応じたときも、王の見識の高さ、視野の広さに驚かされることになった。見つめる視点は「日本の代表」という枠も超越していたからだ。感情的な批判はせず、「野球を愛するがゆえに憂慮するプロ野球人」として発信したものだった。

「一番そばで見ていた審判がセーフと言っているのだから、それをもっと遠くにいた審判が訂正するのは大体おかしいってことだよね。（米国が）抗議するのは当たり前だと思うよ。逆に我々でも〝（離塁が）早いんじゃないか〟と抗議すると思う。

ただ、一度出たジャッジは変わらないというものが、野球だと我々は考えているから。二塁塁審がランナーとボールを見て、捕るのと走るのを確認しているわけだから。その塁審がジャッジしたものが最終だと、我々の習った野球や、やってきた野球はそういうものだと思っているよ。とくにアメリカだから、判定が訂正されるということは、世界中で見ているのに、アメリカのためにも、ならなかったと思うけどね」

――米国のためにならない。せっかく、野球を世界に広める機会なのに……。

競技の世界一を決める大会としては、五輪が有名である。独自の世界大会を開催している競技も多い。サッカーはW杯、陸上や水泳、バレーボールも世界選手権があり、ゴルフやテニスなどランキングスポーツには4大メジャー大会がある。これまで世界規模の独自大会がなかった野球は、2008年北京五輪を最後に、五輪の正式種目から消える。世界規模の大会、国の威信を賭けた試合がなくなってしまう。

欧州がサッカー主体であるのに対して、野球は米国と東アジアが中心。世界レベルの人気スポーツと言うのは難しいのが現実だ。そんな危機感もあって始まったのがWBCだ。だが野球が始まった米国で、地元開催で地の利がある米国が、米国の審判のもと、明らかな誤審をする。

50年もプロの世界で生きてきた王には、せっかく野球を〝世界標準〟にする絶好の機会なのに、「納得できない」というより「悲しい」「寂しい」と感じたのだろう。

どの立場で物事を見つめるのか、そこに人間の視野の広さ、ひいては見識が問われる。多様な人種を抱え、どんな人にも夢が叶うチャンスがあるという〝アメリカン・ドリーム〟を誇りにする米国人にとって、何よりも大切なのが〝フェア、公平〟であることだ。人種も国籍も性別も問わず、みんな公平に扱われるべき。正義を尊び、差別を憎む。そんな〝アメリカン・スピリット〟に反したと解釈されても不思議ではない今回の誤審だった。米国にしてみれば、他国の監督から、しかも選手時代から世界的知名度を誇る王から諭されたことで、真摯な気持ちになった。米国の哲学者であるジャック・バルザンの「アメリカの心と精神を知りたい者は、ベースボールを学ぶべきだ」という言葉どおり、ベースボールは米国を象徴するスポーツだ。「米国発祥の野球」「アメリカのためにならない」

という客観的、かつ美しい反論は、米国メディアや米国国民も素直に受け取れるものであり、日本人も大いに溜飲《りゅういん》を下げた。〝罪を憎んで人を憎まず〟。そんなフレーズを思い浮かべた人も多かったかもしれない。

本当の絆をつくる「アサーティブ」な伝え方

現役時代、756本の本塁打を放ち、それまでの記録、米国メジャーリーグの伝説的な大打者、ハンク・アーロンが持つ通算本塁打755本を塗り替えたとき、王は日本プロ野球界で初めて、世界に名を知らしめた野球選手となった。そしてこの誤審騒動は、王の意図ではなかったにせよ、今度は監督としてリーダーとして、高いリーダーシップを世界に伝えることになった。「王監督の品格ある野球人としての姿勢を学んでいきたい」。優勝会見でのイチローの言葉は、〝頼もしい上司〟を自慢する率直な声だった。

もし王以外が監督だったなら……。2008年夏、北京五輪では星野仙一が監督として日本代表を率いていた。日本の開幕試合となった8月13日の対キューバ戦で、金メダルを狙う日本はアテネ五輪優勝のキューバに2対4で敗れた。先発投手のダルビッシュ有（日本ハム）が5回途中4失点で降板。打線も湿った。9回には、星野があわや〝退場〟という場面もあった。2点を追った9回無死一塁。里崎智也（ロッテ）のハーフスイングが空振りと判定されたことで、星野がベンチを飛び出した。「NO、NO、振ってないやろ」と球審に詰め寄り、一度引き下がったが、直後に再度ベンチを出てきた。代打を告げるための行動だったが、闘将と呼ばれた男の気迫に押されたのか、球審は抗議を繰り返したと勘違い。右手で「退場」を宣告した。

「〝ピンチヒッター〟と英語で言ったんだけど、あれはミステークだ」

だが星野の異議は通らず、国際野球連盟（IBAF）は、野球日本代表に対して罰金2000ドル（約22万円）を科した。代打が認められたことで、退場も取り消されたと判断した星野が、その後もベンチにとどまったことに対するIBAF技術委員会による措置だった。

王と星野の間に横たわる差異は何だったのだろう。王の主張が人々の心を打ったのには理由があった。自分を大切にしながら（自己尊重）、相手を受け入れる（他者尊重）やり方で、自分の思いを伝えたから、ではなかったか。

これを〝アサーティブ〟な伝え方という。相手の表現の自由を理解しつつ、しっかりと相手に自分の感じたこと、思いを率直に伝えるコミュニケーションである。

例えば、どうして相手はわかってくれないのだろう？　と悩んだり、もやもやした気持ちが残ることがある。またはため込んでいた気持ちが爆発して、思わず感情をむき出しにしてしまう、言ったあとに後悔する。なぜこうなってしまうのか。それは

①自分の言いたいことを意識できていない

②考えたこととは違うことを言ってしまう

③その場の状況や相手の気持ちを無視して暴走する

からなのだ。

アサーティブなやり取りとは、思った本音をぶつけ合うことではない。お互いを尊重し大切にしながら、なおかつ率直に素直なコミュニケーションをはかることだ。自分を大切に、そして相手も大切に思いながら、しっかりと伝えるスタイルである。

王がＷＢＣで青木にスタメン落ちを伝えたとき、言いづらいことからは逃げなかった。これはまさに自分を大切にしたと同時に、青木を思いやったからこその行動である。そこを乗り越えて初めて人との間に真実の絆がはぐくまれる。

威圧はソン

華やかに取材カメラのフラッシュを浴び、笑顔を振りまきながらも、対面した人が持つ第一印象は、「王さんは決して相手に威圧感を与えない人ですね」という事実だ。にじみ出る温かさと謙虚さが、最たる理由だろう。

イチローが王監督との思い出にあげたエピソードはまさに〝王らしさ〟を表している。WBC出場を決意したイチローは、王へ携帯電話で連絡を入れた。超有名人であるイチローは、自身の携帯電話を〝非通知〟設定にして、電話をかけていた。スポーツ選手や芸能人、文化人、政治家ら名が通った人たちは、個人情報をさらすことに神経質である。有名になるにつれて、いたずら電話や嫌がらせ、ストーカー行為も起こる。プライバシーを守るために、宅配便の荷物をマネージャーやスタッフ経由で受け取る者も多い。電話をかけるときは非通知設定。受けるときに名乗らず「はい」とだけ言って、相手から名乗るのを待つ。自分と見ず知らずの人の間にバリアを張ることでしか、自分の身を守れない。自己防衛策の一つとして致し方ない。

しかし、誰から電話が来たのかわからない「非通知」の文字に向かって、受話口の王は迷わず、自分の名前を名乗ったという。

「〝はい、王です〟って出ましたからね。あり得ないでしょう。この人、すごいなあと思って。びっくりして、僕は度肝を抜かれたんですよ。そこにもう、王監督の人柄が完全に出ているでしょう」

一人一台、携帯電話を持つようになった時代、携帯電話はイコール自分自身である。登録していない番号や非通知でかかってきた場合、電話を取らなかったり、取っても名前を名乗らない人は一般的にも増えているのではないだろうか。

だが王は極めて〝ふつうの人〟だった。自宅に設置された固定電話が主役だった時代と同じように、潔く名乗るシンプルな対応が、イチローの繊細な心をつかんだのだろう。

役職や立場、肩書きで判断しない

直接出会う人に対しても、役職や立場、肩書きや年齢で判断するようなことは、一切しないのが王の流儀だ。

現在、日本プロ野球組織（NPB）のコミッショナー事務局長である長谷川一雄は、読売新聞の記者だった当時、新人の巨人担当記者として、初めて王に取材を試みた日のことを覚えている。すでに王はスター選手。巨人は担当記者が各新聞社とも複数いる人気球団だ。当時は〝王番〟〝長嶋番〟と呼ばれる密着取材する記者もいた時代。取り囲むベテラン記者の中、必死で質問をした長谷川の言葉をさえぎるように、別のベテラン記者が、王に質問を続けたときだった。

「ちょっと待ってよ。今、長谷川君が質問したんだから。先に、それに答えさせてよ」

ベテラン記者にそう言い含めると、長谷川に向き直った王は、真摯に答えたという。何十年を経てもいまだにそのときの光景を覚えている長谷川は、今だに繰り返し、取材記者にこの話をしている。

新人もベテランも関係ない。自分に接する人に対して、わけへだてなく対応する。これは王の特筆すべき特徴だ。人は自信がない若手の頃、右も左もわからず困っていたとき、自分がちっぽけな存在だったとき、誰かに親切にされたことを決して忘れない。長谷川は、WBCでは日本代表選手団の団長として王をサポートした。憧れで見つめていた存在が、身近な出来事をきっかけに思いやりを見せてくれたとき、それは生涯変わらない尊敬の念へ変わり、無心で支えることができるようになるのだ。

2 ポテンシャルを発揮させるリーダーのセオリー

究極のポジティブ・メッセンジャー

ＷＢＣでの勝利は、よくできたシナリオのような展開だった。真剣勝負の迫力は当然のこと、注目を集めた誤審騒動、絶望からの奇跡の復活で決勝進出へ希望をつなぎ、韓国に3度目の正直でリベンジ勝利。

そこには常に前向きにメッセージを送る指揮官がいた。

日本中を熱狂させた優勝は、物事の明るい面や視点、考え方を探し続けた貪欲さが生み出したものだった。勝つか負けるか。勝者になりたいか、敗者に甘んじていいのか。常に「戦う」舞台に立ち、そこで残酷なまでに結果を明らかにしなければならないのが、スポーツ選手である。喜びと不安、栄光と絶望。大きく振幅する結果と感情をコントロールすることで自分を高めてきたからこそ、究極のポジティブ思考を養える。これこそがスポーツの醍醐《だいご》味《み》だ。

ＷＢＣにおいて、日本が決勝トーナメントへ進出するためには2次リーグの最終戦、米国対メキシコで、メキシコが勝つことでしかチャンスがなかった。ベースボールが国民的人気と強さを誇る米国は、レベルの高さとパワーが桁違いだ。開催国という地の利もある。メキシコが１００回対戦して1度勝てるかどうか。それほど実力の違いはあった。

「韓国に2度負けたあと、〝まだ米国対メキシコで何があるかわからない。気持ちを切らさないでほしい〟と言われたときは、自分もあきらめていたわけじゃないんだけど、気持ちが引き締まった。さすが王さんだと感じた」

現役時代、いぶし銀といわれ、抜群の守備力とプロ意識で41歳まで現役を続行した辻が、王の途切れない執念に舌を巻いた。奇跡は起きた。米国がメキシコに1対2でまさかの黒星を喫したのだ。その結果、失点率０・０1差で米国を上回った日本が4強入りし、準決勝進出を決めた。報道陣をねぎらうための食事会で朗報を知った王が「神風が吹いたな」と表現した試合だった。宿舎に戻った王はすぐさま選手を招集した。

「みんなが頑張った結果、こうなった。もっと失点していればチャンスはなかった。実力でつかんだんだ。胸を張っていこうじゃないか」

「一生懸命にやっていたことを神が見捨てなかった」

緊急ミーティングで熱く気持ちを吐露した。〝棚ボタ〟でつかんだものではない、と伝えたかった。米国戦のとき、誤審にも気持ちを切らさず、9回2死まで試合をもつれさせた事実。メキシコ戦を1失点に抑えた力投。日本のこの2戦が、0・01という、米国とのわずかな失点率の差を生み、夢を手繰り寄せた。

巨人の黄金期に9連覇を達成した名監督、川上哲治は「一生懸命にやっていれば報われる」と選手に言い続けてきた。それを教え子の王はしっかりと受け継いでいた。「運ではない。実力なのだ」。ポジティブな〝リボン〟を選手にかけた。そして奇跡を〝演出〟したメキシコへのねぎらいも、忘れていなかった。

「たとえ勝っても2次リーグで敗退というメキシコが、全力で戦ったことに敬意を表したい」

「好意のキャッチボール」で人を伸ばす

親近感を持って敬意や尊重を示すと相手も尊重を返してくれる。心理学ではこれを〝好意の返報性〟という。好意がお互いに受け渡される、好意がキャッチボールされるのだ。

今の若者は、小さい頃から〝ほめられる教育〟を受けて育った。わかりやすく感謝を示す欧米文化に触れて育ち、社会に出る前に海外経験を持った若者も少なくない。彼らにとって、ほめられる＝やる気になる。けなされ、怒られ、無視されるのは、奮起につながりにくい。彼らとコミュニケーションをはかる際には、ほめることをテレ臭いとあきらめず、「嬉しい」「楽しい」「ありがたい」など、ポジティブな感情の発信が重要になる。

これは大人にも有効だろう。生まれてからずっと〝ほめのシャワー〟を浴びて子供は育つのに、大人になって社会に出ると、途端に「ほめ」の数が激減する。

大人になる＝ほめられなくなる人は案外多い。カラカラに飢えた心に、ねぎらいや賞賛の言葉はどんなにか心地よく染み渡るだろう。相手……部下、妻、子供、友人、そして自分自身を「ほめること」は、安心とやる気、誇りや自信まで育てる。

「本当に、尾花君にはよくやってもらっているんだ」

私がヤクルトの担当記者時代から、投手コーチの尾花と交流があると知っていた王は、尾花がホークスに在籍していたとき、頻繁に私にそう伝えた。

本人を直接ねぎらうだけではなく、第三者にも間接的に伝える。王は無意識で行っていた。第三者から本人に伝わった言葉は、直接の「ほめ」とは異なり、「他の人に言うほど、自分を認めてくれている」と自信を深めるきっかけになる。

ロッテとヤクルトで実績を持ちながら、〝外様〟のためコーチ陣から浮いていた尾花も「オレの言うことは、監督の言うことや」と信頼関係を自分への自信に変えて、投手陣の育成に本腰を入れていった。

物事の良い点を見つける。簡単にあきらめない。最後まで待つ。それは相手を責めないことにもつながる。誤審騒動を経た日本が優勝した後、帰国した王は、数ある優勝理由の一つを教えてくれた。

「ああいうことがあったことで、かえって選手が発奮して、選手それぞれの持ち味を出してくれたから、最高の勝利にありついたんだと思うんだ。考えようによっては、彼（誤審した審判）のおかげで優勝できたんじゃないかな」

一緒に戦う仲間は選手だけではない。相手チーム、そして審判団も大切な一員として受け入れる。これこそが、相手から尊敬される〝人間力〟だ。前向きな考えは力となり、自分を動かす原動力にもなる。ホークスで背番号89を脱ぐとき、監督を辞める感傷よりも、周囲への感謝を強くにじませた。

「幸せだよね。この歳までやれたことに感謝しなきゃ。これからは89歳まで生きるのを目標にしよう。あと21年しかないいか」

誰かと比較する人生はつまらない。そこにはプラスのエネルギーは生まれないからだ。何歳になろうが、その瞬間を楽しみ全うする。自分の人生で初めてなった34歳、48歳、52歳をワクワクしながら楽しめばいい。よい歳の重ね方とは、王のように自分から逃げず、失敗や過ちから学び、深さを追求することではないだろうか。

あるときは、言葉よりも態度

言葉は大切である。だが人と状況によっては、態度で示すことが重要なこともある。より相手に伝わる、影響を与える方法を選ぶことである。WBCの期間中、王からイチローに対して、言葉で「期待している」「こうやってくれ」という期待や指示は一度もなかった。

イチローのスタイルには、言葉よりも行動で「任せる」という思いを伝えていた。超一流は超一流を知る。目標や思いを口にすることで、自らに限界をつくる危険性を感じていたイチローは、言わずに実行するタイプであった。だからこそ、王はあえてリーダーを指名しなかった。意図を汲んだイチローがリーダーに、陰の支えには当時の選手会の会長であり、アテネ五輪では主将の宮本慎也がなり、チームは一つにまとまったのだろう。

「〝お会いできて良かった〟と純粋に思った方でした。なぜかって？　それを言わないのが王監督と僕のスタイルでしょう？　王監督は野球界に存在する数少ないカッコいい人ですよ」

WBC後に都内などで開催された『王貞治展』で、イチローが王について語ったメッセージには、尊敬と共感の思いがぎっしりとつまっていた。超一流アスリートに共通する呼吸だ。ストイックに愛情と信念を持って野球へ打ち込み、行動と結果によって他を圧倒してきた。敵は自分自身であると知り尽くし、世界記録を打ち立てた二人だからこそ、理解しあえた美学かもしれない。

信頼を感じた相手は絶対に頑張る

投手の藤川球児（阪神）は「チームに合流したとき、あれだけ現役時代に実績を残された方にもかかわらず、（王監督は）〝これだけのメンバーが集まっているのだから、好きにプレーしてくれ〟とおっしゃいました。勝利にかける執念はもちろんですが、人間としての器の大きさに感激したのを覚えています」

と王の人間性に感じ入った。自分が実績を上げた過去を自慢しない、それを武器に相手を見下ろさない、相手が年下・格下でも尊重して接する。

コーチや監督という〝管理職〟に求められるのは、情報の量や質だけではない。それを伝えるコミュニケーション能力こそ大切である。

新卒や転職希望者に対して企業が求める人材の一番の要素は技術ではなく、この「コミュニケーション能力があること」だといわれる。

注目度の高いプロ野球で、選手は打撃と投球で結果を出すが、果たしてコーチは何をものさしに〝プロ〟の判断をされるのか。「オレのときはこうやって打った」という昔の自分のやり方を押しつける指導はとうに限界が来ている。

企業でも同じである。営業畑で売り上げを伸ばした過去の実績を、管理職になった今も部下に小言で言う。時代や状況の変化も考慮せず、自分の過去の成功体験を押しつけていては、決して優秀な部下は育てられないだろう。

“見えない努力”を評価する

組織には必ず花形と裏方がいる。野球の場合、主役は選手でありコーチやスタッフは裏方である。ときにコーチにもスポットライトは当たる。しかし決して光の当たらない人たちがいる。WBCの優勝の瞬間、ベンチにいた王は、隣のコーチと握手をすると、通訳やチーム関係者ら裏方と笑顔で握手を交わしていた。コーチの辻が「厳しいだけでなく、選手やコーチ、裏方さんにも気を配る方」と評した王の姿勢は、一貫している。

現役選手だった1977年9月3日、午後7時10分6秒。後楽園球場（現・東京ドーム）の対ヤクルト戦で、前人未到の記録・756号を決めた。喜びにわく選手や観客に包まれながら、王はある人を探していた。ふだんの練習で打撃投手をしていた山口富夫だ。

『—中略—なによりナインの祝福が嬉しい。—中略—。祝福の列の中に毎日、黙々と投げてくれた山口（バッティング投手）らの顔が見えないのは寂しい。彼らにも頭を下げたい。手を握りたい。ぼくは日本一幸せな男だ』（9月4日付報知新聞）

手記でこう記した王には、表からは見えない者への感謝があふれていた。雨の日もスランプの日も、黙々と練習相手として、ホームランを打たせるために〝バッティングマシン〟となって貢献してくれた。〝王の恋人〟と呼ばれた彼への感謝の念を、新聞という公の場で伝えた。

チームにはさまざまな立場の人間が働いている。用具を磨いてくれる用具係、選手の荷物を運ぶ人、打者のために球を投げる打撃投手（バッティングピッチャー）、投手のために球を受けるブルペン捕手ら〝陰の職人〟がいる。彼らはかつてプロ野球選手だったが芽が出なかったという人が多い。

華やかさはない。素晴らしい結果もない。テレビや新聞に取り上げられることなどない。ひたすらチームの優勝、選手の活躍を祈り、年間を通じて頑強な体力で選手のために働くことが役割だ。取材記者に名前を覚えられることも名刺をもらうこともまれであり、〝裏方さん〟としてくくられる。

「裏方だって仲間だ」。どの選手も感じているだろう。

だが自らのバットで世界記録をたぐり寄せ、チームメートから手荒い祝福を受け、観客から大歓声で迎えられた栄光の絶頂のとき、見えない存在に思いをはせることができる人は何人いるだろうか。

時の人となった王は、取材攻勢を受け、王を支援してきたファンや関係者の人垣に囲まれた。直接「おめでとう」と言う機会がなかったかもしれない〝裏方さん〟がこの手記を読んだとき、自分の役割への誇りを感じ、ねぎらってくれた感謝で心を温かくしたに違いない。王は自分の役割を知ると同時に、相手の役割も思いやる。その気配りの深さを思い知った。

3

組織は人、人は心で動く

〝去るものは追わず〟。手放すことも愛情

人に対する、王独特の姿勢に、〝来るもの拒まず、去るもの追わず〟がある。チームを去りゆく者を、決して引き止めない。選手やコーチ、チーム関係者の多くが証言している。手塩にかけて育てた選手が移籍して、喜ぶ監督などいない。育てるのは時間がかかる。愛着もあるはずなのに、だ。

相手が優秀なブレーンだとしても、大切に育て上げた選手でも、王は〝去るもの追わず〟を貫く。選手では工藤、村松、小久保、井口、城島と、毎年のようにレギュラー選手が抜けたが、優勝争いをしてきた。彼らが抜けたことで負けた、弱くなったと言われたく

なかった。「仕方がないじゃないか。また、選手をつくろう」と気持ちを切り替えてきた。

FAで巨人へ移籍した投手の工藤は、

「王監督は一言で〝熱い人〟。オレが巨人に移籍するときも、工藤公康の野球人生を第一に考えてくれた」

自分本位ではなく、相手本位で考える姿勢が、相手の心に真っ直ぐに響く。

コーチ陣に対しても同じだ。オリックス時代、イチローの基礎をつくった新井宏昌が、2003年からホークスの打撃コーチに就任。〝ダイハード打線〟と呼ばれる強力打線を生み出し、日本一に貢献。オリックス監督に仰木彬が復帰すると、おずおずと古巣への復帰を申し出たが、王は快諾した。

また、西武の打撃コーチ補佐を解雇された金森栄治をスコアラーとして抜擢。明るいアニキ分としてチームの盛り上げ役だったが、岡田彰布が阪神監督になり、早稲田大学つながりで阪神移籍を持ちかけられて退団を申し出たときも、王はあっさりと了承した。

他のチームにいる間は、決して移籍について声をかけない、が持論だ。後ろ指を差されるようなことは絶対にしたくない。正々堂々とつかみとる。

どんなに欲しいコーチやスタッフがいても、彼らがそのチームを離れたり、契約が切れるまで、下交渉や打診などを一切行わないのが王の流儀である。巨人時代に渉外担当として、ウォーレン・クロマティやビル・ガリクソンを連れてきた名スカウトの平野博昭も、巨人を辞めるのを待ってから、ホークスへ連れて来た。

「待っていたんだよ。辞めるのを。だって在籍中に連れてきたら、〝王が引き抜いた〟と言われるだろう。そんなことを言われるのはイヤだからね。しないよ」

2005年9月10日、試合のない本拠地での練習日。投手コーチの尾花高夫は、緊張で声を上ずらせながら、監督室に入ると宣言した。

「すみません、今シーズンで辞めさせてください」

そのときの光景を、尾花は正確に思い出せる。何年を経ても日付をそらんじて言えるほど嬉しい日になったのだから。辞任宣言を聞いた王は驚きのあまり「ええっ」と大きな声で反応すると、そのまま動きが止まってしまった。

「古田監督に呼ばれたの？　ノムさんに呼ばれたの？」

翌年の2006年シーズンから、尾花の古巣・ヤクルトでは古田敦也が監督に、かつてヤクルトの投手コーチ時に監督だった野村克也は楽天の監督に、それぞれが抜擢されていた。その二人のどちらかが呼び寄せたのか。

だが辞任理由はビジネスではなかった。自宅のある神奈川に住む家族とは、すでに7年間も離れた生活だった。単身で福岡に住む尾花にとって、子供が思春期にさしかかり微妙な年齢になっていた。直接教育をする機会がなかったが、そろそろ家族を優先させるときが来ていた。説明をうなずきながら聞いていた王は、静かに言った。

「そうか、わかった。7年間ありがとう。今後は（仕事を）どうするんだ」

「あとが決まっていて、こんな失礼なこと、言えんですよ」

「そうか、わかった。ジャイアンツへ行け。オレが話をつける」

数日後、ロッテとの試合中、王が尾花にささやいた。

「決まったぞ」

「何がですか？」

「巨人、決まったぞ」

こうして巨人の投手総合コーチへの就任が決定した。プロ野球の常識から言えば、監督がコーチの次の〝就職先〟を決めることなどない話だ。しかも監督自ら電話をかけて相手チームと交渉し、コーチの資質を売り込むなど、聞いたことがなかった。

あり得ない行動である。だからこそ、尾花は嬉しかった。

幸運にも次の職場が決まったことでも、それが花形の巨人であることでも、最大の喜びの要因ではなかった。

「ほんま、考えられないわ。ありがたい。ほんまにありがたい」

自分の力量を認めてくれて、ねぎらってくれて、そして新天地で頑張ることを全力で応援してくれる。尾花に対して持っているありったけの王の感謝の気持ちこそが、尾花を泣かせた。大人の男が、バーのカウンターで目を潤ませて喜ぶ姿を見たとき、私は目の前にはいない大きな存在、王のすさまじい情熱を垣間見た気がした。

一緒に戦った信頼する仲間へ、精一杯の愛情を注いで送り出す。尾花はその優しさにこそ感謝し、認められたことを自信にしている。これこそが王イズムだ。

「派閥」を認めない

人のものを欲しがらない。相手の選択を尊重する。去るものは追わない。それは相手を思いやる気持ちと同時に、王の強烈なプライドがさせている。「人望はあるが、人脈がない」。皮肉にも聞こえるが、ある意味で的確に王を例えた言い回しは、長年プロ野球を担当してきた記者の間の了解事項である。

〝つるまない〟。巨人からダイエーへ移ったときも誰一人、自らの希望によるコーチを連れず、一人で新天地へ向かった。プライドがあるからこそ、あえてお供を連れて行かなかった。7年間、監督付マネージャーとして身の回りのことを引き受けていた加藤康幸が退団すると告げたときも即答だった。

「王さんから引き止めがあるのでは、と思っていたから、それがなくて少し寂しかったみたいですよ」

冗談まじりで私が水を向けると、王は食事をする箸を止めて真顔で言った。

「いつまでも、オレの尻拭《しりぬぐ》いをしていても仕方がない。あいつ、スポーツビジネスとか、考えているんだろう?」

加藤の退団は、ちょうどチームの経営が、ダイエーからソフトバンクへ移る大きな転換期にあたった。チーム関係者も入れ替わり、チーム方針も変わる節目で〝女房役〟が不在となることを心配した周囲からは、「ソフトバンクに変わって1年ぐらいは、彼に残ってもらった方がよいのでは?」という声も聞かれたが、王の答は明快だった。

「あの年(30代)で新しいことをやろうと思ったら、今しかできないんだから」

たとえ本人の希望による選択だとしても、王に「辞めないでくれ」と引き止めてほしかった。必要とされていたことを実感したかったという者は多い。

だが基本的に群れない男は、そこに価値を見出さない。現役選手の頃から、派閥や仲良しグループを作ってこなかった。柴田勲、土井正三らベテラン選手は、王と行動を共にすることが多かった。ある日、王が彼らに言い放った。

「おまえら、いつまでもオレに金魚のフンみたいに付いてこないで、たまには下の選手をメシに連れて行ってやれ」

――オレをそろそろ卒業しろ、先輩になれ、成長しろ、下の面倒を見ろ、ずっと下っ端気分で、ヌクヌクと甘えているな――

言外のメッセージには、一人で生きること、後進を育てることこそ、課せられた使命であり、成長だと教えていた。

スポーツは結果の世界。しかもプロならば、コーチやスタッフら人事はすべて「実力主義」と世間では考えられているが、監督も人の子だ。お気に入りの選手を抜擢したり、苦手だったり嫌いなタイプの選手を遠ざけることもある。

巨人監督の原辰徳との確執が噂された仁志敏久は横浜へ移籍した。その巨人に清原和博が在籍していた頃、元木大介らが〝清原派〟と言われたのは有名な話である。

好き嫌いや徒党を組むといった派閥意識は、どこの組織にでも存在する。

結果さえ出せば文句を言われない選手時代より、結果が見えにくい監督やコーチの方が、むしろその傾向は強い。監督就任やコーチ抜擢は球団上層部からの寵愛のバロメータでもある。監督になれば仲間をコーチに抜擢する。北京五輪では、監督の星野がコーチ陣を大学時代からの盟友でそろえた。

そのスタイルが奏功することもある。気心が知れた仲間なら、困難にぶち当たっても乗り越えやすい。信頼できる人間関係が構築されているので、チーム運営が難なく運ぶメリットもある。少年野球の頃から先輩を敬い、合宿生活では先輩の洗濯も行った体育会の彼らには自然な流れなのかもしれない。

だが一方でスポーツを取り巻く環境は進化している。打撃や守備の技術の向上、スポーツ科学、スポーツ心理学やメンタルケアなど高水準の情報や知識、分析が求められる。それらの学問を学んだ人々が、プロスポーツの世界へ進出している。実力と知識、経験を蓄えた〝腕一本〟で球団を渡り歩くコーチやスタッフも着実に増えている。

「しがらみがないからこそ強い」絆

「王には人脈がない」という考えは、厳密には間違っている。

監督は孤独な仕事だ。負ければ全責任を負う。新聞やテレビなど報道で叩かれ、ファンからはののしられる。采配の一つひとつで、日本中が「国民総評論家」となりバッシングを受けることがある。

だからこそ派閥を作って自らを守りたい。それが孤独な指揮官に共通する思いだろう。その意味では、スポーツの組織は保守的で派閥主義に傾くかもしれない。柔道やバレーボールなど他のスポーツでも「同じ大学の先輩・後輩」「所属企業が一緒」といった〝同じ釜の飯を食った仲間〟が重用される傾向は強い。現役時代は実力でのし上がれるが、引退後、競技種目の組織でコーチや監督になる場合、やはり「地縁」は大きな意味を持つ。

ダイエーホークス誕生の頃も、旧南海の流れを汲む選手やコーチの派閥があった。チーム合併や新規参入で新たなチームができても、そこには人間関係や派閥を巡る軋轢《あつれき》がつきものだ。そんな「派閥」をぶち壊すのが、群れない王という男の初仕事だった。

去る者は「王さんは冷たい」「必要とされていなかったのかな」「ちょっとは引き止めて

ほしかった」と冗談交じりで愚痴をこぼす。だが、その問い自体がナンセンスとばかりに首を振った王は、笑みを浮かべたまま、でもきっぱりと主張した。

「自分の人生なんだからね。オレの人生じゃない。何事も自分で決めなければ、決断しないとね」

愚痴を言った者とて王を冷酷とは考えていない。王という人間が「仲間というものは、いつもそばにいなくても構わない」ことを知っている。王にかかわった者はファミリーという絆で大切にされることも知っている。

王の視野は広い。チームの枠も、国の壁さえも超えている。米国メジャーリーグで活躍する城島や井口、WBCでリーダー役だったイチロー、巨人時代から可愛がっているヤンキースの松井。日本にいなくても、別の世界へ行っても、得意のパソコンや携帯電話を駆使して連絡を取っている。けがを心配し、不振時にはアドバイスを欠かさない。好成績を成せばねぎらいの言葉がすぐに届く。結ばれた関係は失われない。リーダーはフォロアーの才能を育てることも責務であり、彼らの人生と選択を心から尊重している。

この行動はある考え方と酷似していた。「STRENGTH OF WEAK TIES（弱い絆の強さ）」という概念だ。米国で検証され、「同じ職場や仲間のような強固なネットワークより、知り合い程度の人や、異業種間の知人といった弱いネットワークこそ重要」という社会ネットワーク理論だ。1973年、米国の社会学者マーク・グラノヴェターによる仮説である。米国ボストン郊外在住の男性282人を対象に、求職者の転職情報満足度に関する調査の結果、56%が人的ネットワークを用いて職を見つけた。しかも弱いネットワークから得た情報で転職した人の方が、満足度が高いことがわかった。つまり「親族」「親しい友人」「仕事上の仲間」など「よく知っている人」からの紹介で職を得たわけではない。

強いネットワークで得られる会話や情報は、相互にとって既知で目新しいものがない。よく知っている者どうしは、お互いに頻繁に会い、話すことから、情報がすでに共有化されているからだ。

太いパイプや血縁者では客観的になれず、情報の価値を見失うこともある。対して弱いネットワークでは、初めて得る新鮮な考えや価値が高い情報が多い。ふだんあまり接点がない、交友関係も重ならないような知人こそ、お互いにとって新鮮なのだろう。

新しい情報や有益で重要な情報をもたらしてくれるのが、意外にも関連性が薄い人であるという不思議。過去に一度面識がある、名刺交換をしただけ、友人から紹介された人、ふとしたきっかけで出会った人など「あまりよく知らない人」が、じつは重要なのだと教えてくれる。さらに弱いネットワークは、強いネットワークどうしをつなげる〝橋渡し〟になるともいわれる。「弱い絆に見えて、じつは強い」。このユニークな逆転の発想を、偶然にも王が実践していた。

モノと過去に執着しない

執着しないと言えば、王は物欲、物への所有欲も薄い。王の自宅には、選手時代にもらった輝かしいトロフィーやメダル、賞状のたぐいは置かれていない。『王貞治展』を開催した2007年春、オープニングセレモニーに出席した王は、しみじみとした口ぶりながらも、まるで他人事のような感想で、私を驚かせた。

「自宅から運ばれたものなんて、ほとんどないよ。あんなにたくさんメダルやら写真が飾ってあったけど、集めるのが大変だったんだろうなあ。何しろ僕は持っていないんだから。どこに保管されていたんだろう？　懐かしいものを久しぶりに見たよ」

選手から手渡され、誇らしげに右手でしっかりと握り、少年のような笑顔でカメラに収まったＷＢＣのウイニングボールの行方さえ知らなかった。大会から2年半後。本拠地・福岡ドームの西武戦前、選手の打撃練習を見やりながら、「あのウイニングボールはどこにあるのか?」との問いに首をかしげた王は、数十秒ほど宙を見つめてからさっぱりと言った。

「いや、僕は持ってないよ。ボールと一緒に写っている写真がある? そう……たぶん、どこかに寄贈されているんじゃないかな?」

世界一を決めた瞬間の記念ボールに王はまったく興味を持っていなかった。当時、西武のヘッドコーチで、元ホークスの参謀役でもあった黒江が会釈をしたのを認めると、そちらへ向けて歩きだしたが突然振り返ると、茶目っ気たっぷりの笑顔でこうつけ加えた。

「ほら、知ってのとおり、僕は過ぎたことは振り返らない人間だからね!」

過去の栄光に縛られない。物に固執しない。役職や肩書きで人を判断しない。常にそばにいることが仲間の証ではない。常に前進して進化を止めないことを、人生の使命にして生きている。

生きる道は自分で決断しろ

現役選手を辞める、巨人監督、ホークス監督、WBC監督を受ける、そしてホークス監督を辞任するとき、すべて自分で決断した。

「野球選手には誰にでも、自分は一国一城の主である、というプライドがある。ということは誰でも、自分の出処進退は自分で決める、ということ」

そう信じる王にとって、自分自身で決められなかったのは、解任に等しい巨人監督くらいだった。だからこそ、選手やチーム関係者が辞めるとき、王は引き止めない。「じつは王さんが引き止めてくれると思った」「ちょっとは引き止めてくれたら考え直したかもしれない」と漏らす言葉に、王は一切動じない。それは美学であり哲学だ。

「自分の生きる道は自分で決めてきた。だからキミたちも自分で決めろ。過去や現状に縛られず、信じた道を、勇気を持って踏み出してほしい」

辞める人間、新たな一歩に悩む人間に、王はそう言って決断を促してきた。新たなチームへ移籍する、新たな会社へ転職する、海を越えて新たな世界、メジャーへ進む。その挑戦を「引き止めない」ことで、応援している。自分を大切にした末の選択なら、いざ過酷な試練を与えられても耐えられる、と知っているからだ。それは自身の決断においても同じである。

「今はとにかく熱く戦っていたい。辞めるときは突然やってくる。だからこそ、やれることをしっかりやっておきたい」

ガンを経験して以来、愛する野球から離れる覚悟があったとは言え、少年の頃から50年以上も野球を愛し、野球に愛されてきた男にとって、辞任という選択は身を切られるような思いがしたことだろう。勇退会見で、辞める理由に、自身の病気やチームの不振による責任をあげた。

だが最も大きな理由は、自分の監督としての「役割」が終わったことに気づいたからなのかもしれない。「辞めたくない。野球を続けたい。野球を愛し、現場を愛している」。そう願いながら、自分の体について選手に心配をさせている現実があった。

2007年のシーズン終了後、「来年は監督生命を賭ける」と宣言したことで、逆に王を敬愛する選手たちは「優勝して監督を胴上げしたい、優勝しなければ」と呪縛を感じてしまった。「優勝したい」という願いではなく「優勝しなければいけない」という重圧が選手から伸び伸びとしたプレーを奪い、心と体を萎縮させプレーを空回りさせてしまったのかもしれない。自分の責任だったのかもしれない。王は辞任会見で正直に話した。

「私はよかれと思って発言しましたが、選手にはブレーキをかけてしまったかもしれません。14年間で一番の反省点だと考えています」

勝負の年だと宣言し、一見前向きに聞こえる言葉が、選手の足を引っ張ってしまったのかもしれない。周囲にとって、自分の存在がどれだけ大きいかを改めて気づかされた瞬間、王の責任感は辞任へと傾いたのではないかと思う。チームを経営するソフトバンクからは「永久監督」を望まれ、選手からも慕われている。ファンも熱い声援を送ってくれる。誰も引導を渡さないからこそ、自らの責任を感じ、一つの役割を終えた指揮官は、自らの首を切るという非情に徹したのだと思う。自分に対して客観的で、ときに冷酷な決断さえ下せる。だが、その切ないまでのプロ意識こそが、王の人間性をさらに一つ上の高みへと上らせていった。

リーダーとしての高い統率力は、他の一流監督にも一目を置かれている。第1回のWBCが日本の世界一で終わった直後に始まったメジャーリーグで、ヤンキースの監督だったジョー・トーリは開幕戦前、WBC優勝の日本について質問された。

「日本の野球がどんなにすごいか証明してくれた。ひどい判定もあったけど、日本がワールドチャンピオンだ。そしてミスター・オーが、ワールド・ワールド・ワールドマネージャーだ」

強豪チームの辣腕監督が絶賛した。メッツの選手だった1971年に来日したとき、王に会ったトーリは、王の野球技術の高さに舌を巻いただけではなかった。「とても紳士的だった」と王の人柄を評した。

意外な場所からも高評価を受けている。2002年12月、米国への視察旅行ではホワイトハウスに招かれ、国務長官のコリン・パウエルと副長官のリチャード・アーミテージが出迎えた。しかも王の現役時代の映像をあらかじめ見て対面した政府高官に、当時の駐米大使で、現在は日本プロ野球組織（NPB）のコミッショナーである加藤良三は驚いたが、二人はこう話したという。

「王さんがホームランを打ったとき、その飛距離にも感動しますが、それよりも、もっともっと心が打たれるのは、ホームランを打ったときの王さんの姿に、自信あふれる威厳とエレガンスを見ることができることです」

現役選手の時代、居合い抜きを練習に取り入れるなど日本文化の神秘性を漂わせる〝伝説的なヒーロー〟に、米国政府の要職者も惚れ込んでいた。記録という目に見える結果ではなく、オーラとも言える気高い空気を感じ取っていたのだろう。

The Road of *the* King 第4章

最高のライバル「ひまわりと月見草」が見た真実

1

「月見草」野村が見るリーダーとしての王

野村との不思議な縁

「王がうらやましいよなあ。〝王監督のために〟〝監督を胴上げしたい〟って言う選手が多いんだから。うらやましいよ。人望があるんだよなあ、やっぱり。ワシはないからなあ」

仙台の宿舎で遅い夕食にステーキをほおばりながら、野村克也がそうぼやいたのは、王がガンから完全復帰した2007年の暮れだった。WBCでの華やかな世界一。そしてガンで入退院したときの選手の決意が、次々と報道されたことで、そうした気持ちは大きくふくらんでいった。

野村は滅多に選手をほめない。楽天監督になってからはずいぶんと性格が丸くなり、好々爺《こうこうや》のお茶目な面を見せているが、ヤクルトや阪神の監督時代は選手をほめたりねぎらうことなど皆無に等しかった。

野村の言葉は鋭い。確信に満ちた野球哲学そのものであり、言葉じたいに毒と切れ味がある。歯に衣着せぬ発言で、思ったことや感じたことを率直に口にする。しかもダミ声で、ジロリとにらみながら話すものだから、周囲には「怖さ」や「迫力」を持って受け止められる。

だが実際の性格は、情にもろい。人の好さが隠せなくなり、指揮に影響を与えるのが嫌だからこそ、選手やコーチと食事にすら一緒に行かない。監督と選手の間に明確な一線を引いている。

じつは声を荒立てることも滅多にない穏やかな指揮官である野村は、選手から絶大に慕われる王が心底うらやましかった。もちろん、長年の付き合いの中で王の優しさが本物であることを知っている。

一匹狼タイプの野村が、投手なら200勝、打者なら2000本安打以上など、高い入会規定を満たした選手だけが入れる「日本プロ野球名球会」のパーティーに参加したときだった。話す相手がいなくて一人で過ごしていると、真っ先に話しかけてきたのが、王だったという。

現役選手の時代には共に本塁打争いを演じた。1位を独走していたパ・リーグ野村を、あとから参戦してきたセ・リーグの王が追う。監督としても二人は長年指揮を執ってきた。とくに野村が楽天監督になって同じパ・リーグに属すると、顔を合わせる機会も増えた。

ともに70歳前後の老齢を迎えてなお、現場に生きている。そんな共通項を多く持った〝ライバル〟どうしだが、特別に仲がよいわけではない。「毒舌の野村」と「人格者・王」が会話をしているのを、私はほとんど見たことがない。

だが、王の辞任の陰にあった〝危機〟を救ったのは、他ならぬそのライバル野村だった。王の勇退会見は2008年の9月23日だった。19日から福岡入りし、22日まで滞在していた私は、帰京した渋谷駅の売店で目に飛び込んだ夕刊紙の見出しに驚いた。「王監督勇退へ」。辞任するという事実への驚きはもちろん大きかった。だが同時に、なぜこの日を選んだのか、と大きな疑問がわいていた。

この日はパ・リーグの優勝目前の西武が、優勝を決める可能性が高かったからである。周囲を気遣う王がなぜこの日を選んだのだろうか？

プロ野球には不《ふ》文律《ぶんりつ》がある。

——優勝のかかる大一番や日本シリーズ中など、野球の大勝負が行われる際、個人的、またはチームレベルの発表は控えるというものだ。理由はプロ野球の戦いに水を差さないため——

ましてや、『王勇退』と『西武優勝』という大きなニュースが重なれば、新聞やテレビなど報道はどちらを大きく取り上げるかで悩む。放映時間や紙面の制約があるため、報道の大きさには当然差が出てくる。〝世界の王〟の引退の扱いが小さくなるのは、あまりに寂しい終焉であるし、何よりもせっかくの西武の優勝に水を差すのは間違いない。

だが、王がこの日を選ばざるを得ない理由を知って納得した。発表の翌日がホームである福岡ドームで行うシーズン最終戦だったのだ。

「どうしても、お世話になった福岡のファンに挨拶したかった」

14年間、世話になったファンへ直接話したい。不文律をおかす覚悟もして発表した辞任。そこで王の引退劇に一役買ったのが、野村だった。その日、西武が対戦した相手は野村が率いる楽天。9回、楽天のホセ・フェルナンデスが逆転満塁本塁打を放ち奇跡的な勝利を遂げたおかげで、同日の西武優勝を阻むことになったのだ。ビッグニュースが重なることはなく、王の勇退会見で報道は埋め尽くされた。

記録に挑戦した男たち

不思議な縁としか言いようがない。王と野村。プロ野球界を代表する名選手で、名監督どうしは、お互いに呼び寄せられるように、仙台の地に立っていた。王にとって監督最後の試合は、野村が率いる楽天との3連戦だったのだ。場所は、野村のホーム・仙台だった。

野村は感傷に浸っていた。「涙雨やな、空も泣いとるわ」。10月7日。シーズンの最下位を決める試合は4時間を超え、延長12回に突入した。雨の平日にもかかわらず、2万人を超える超満員の観客が王の最後の勇姿を見守った。試合後、幸福を意味する色で、ホークスのチームカラーでもある黄色い花束を、野村は照れくさそうに王へ手渡すとがっちりと握手を交わした。

「完ぺきに引退するんじゃなくて、時間があれば、またちょいちょい現場に顔を出してくれよ」

脱帽して頭を下げる王に、野村は軽く笑みを浮かべながら会釈を返した。王に対して帽子を脱がずに挨拶できる数少ない野球界の先輩の心中は複雑だっただろう。

野村は熱烈な巨人ファンである。小さい頃からラジオの野球中継で毎日のように聴いていたのが巨人戦の中継。野球を本格的にやりだした高校の頃は、真剣に巨人入りを目指していた。だがかなわなかった。

南海で名捕手として、大打者として活躍した。だがどんなに活躍しても、三冠王を取っても、話題の中心はセ・リーグの巨人の誇る長嶋茂雄と王貞治。『打倒〝ON〟』は野村が強くなるための呪文になった。

「所詮パ・リーグの扱いなんてそんなもん。何をやっても翌日の新聞は長嶋、王ばっかりだったよ」

吐き捨てた言葉には、30年以上も前の出来事なのに、いまだに悲しみがつまっていた。とはいえ、人気で負けていても、記録で上回っていたときはまだ救われた。「人気では巨人に負けても、王に負けても、成績ではオレが上」だと思えたからだ。

野村は王より5年早い、1954年に南海のテスト生としてプロ入り。1965年に通算本塁打で歴代1位となり、長らく本塁打王の座に君臨してきた。その野村を脅かしたのが、王だった。ひたひたと自分の記録に近づいてくる。

「オレの後から追っかけてきた。本塁打記録も６００号はオレが先に行くぞ、と思ったが、追い越された。〝せめて６００号まではオレが先に行きたい〟と無駄な抵抗をした。追いついてまた抜かれて……」

両リーグを代表するライバルどうしの対決だったが、世間の注目度の点では完全に水をあけられていた。

「王のことをすごいと思ったことがあるかだって？　うーん、いずれ王に抜かれると思ったのは、王４００号、野村５００号の頃だったな。休みの日、銀座のクラブで遊んでいたら王たちと会ったんだ。〝一緒に飲もうよ〟と誘って合流したけど、午後９時頃、ワンちゃん（王）が〝悪いけど先に失礼します〟と言うんや。〝久しぶりに会ったんだし、いいじゃないの。どこへ行くの？〟と聞くと〝（打撃コーチの）荒川さんを待たせている。これから素振りをする〟と。〝オレが電話をして許しを請うよ。久しぶりだし遊ぼう〟と言うと、〝それはできない〟と。帰る姿を見ながら〝ああ、オレはこいつに抜かれるな〟と思った。オレが逆の立場なら、どうしてもできない用事ができたらさぼる。あれは意思の固さ、強さだね」

１９６３年、当時、南海の野村は日本記録となる年間52本塁打をマークした。すると、王は翌年の64年に55本塁打で新記録を達成した。通算本塁打数でも、王が驚異的なペースで差を縮め、73年シーズン中に通算５６３本で並ばれた。野村も意地をみせ、抜きつ抜かれつのデッドヒートが続いたが、最後は王が振り切った。

「こっちはテスト生、あっちはエリート。だから本塁打の記録を抜かれたときは、余計に悔しかった」

74年には王が６００号を達成し、その翌年の75年、ようやく野村は史上２人目となる６００号を決めた。その5月22日、対日本ハム戦で記念の本塁打を放った野村の言葉は、あまりに有名だ。

「長嶋や王は太陽の下で咲く向日葵《ひまわり》。ボクは人の見ていないところでひっそりと咲く月見草みたいなもの」

73年にはプレーイングマネージャー（選手兼任監督）として野村が率いた南海と、ホームランバッター王を擁する巨人が日本シリーズで激突した。巨人に軍配が上がり、野村の目の前で、巨人はＶ９を達成した。

「王が足を上げたぎりぎりのインコースに、投手に投げさせても、王は打つんだ。ヤツがいいときは手がつけられん」

だが長年、捕手として、選手兼任監督として、磨いてきた野球理論には絶対の自信を持っている。ヤクルト、阪神、楽天と常に弱小球団を率いてきた自負もあった。

「選手では王に負けたが、監督ではいろんな面で勝ちたいんや。妬み、ひがみ、劣等感。あいつらのおかげで、こんな性格になった。あいつらには負けねえ」

野村は強烈なコンプレックスを〝武器〟に変えて戦ってきた。勝利数、監督歴、優勝回数だけではない。その勝ち方や戦略にさえこだわって、ライバル視してきたのだ。

ヤクルトや阪神の監督時代には、リーグも異なり「監督・王」をさほど意識していなかったが、同じパ・リーグに属し、WBC優勝を遂げて功績を残す王を監督としても認める気持ちは強くなっていた。そんなライバルが先にグラウンドを去る。もう一人の野村のライバル、長嶋茂雄は2001年のシーズンで現場を事実上引退している。華やかで妬んでいた存在は、二人ともいなくなった。

「オレの価値を落とした男だ。彼がいなければオレが一番なのに」

通算本塁打数は王が868本で歴代1位、野村が657本で2位である。引退を知った野村は、ぼやきながらも、王の存在の大きさや業績のすごさを称えた。理論や分析、読みなど監督の技量では王に負けない自信を持つ野村も、王のリーダーシップの高さを認めていた。それは周囲からの尊敬と信頼であった。

「指導者には中心軸が必要。中心軸とは信頼、信用、尊敬、人望。ソフトバンクにはそれがある。選手が王を尊敬しておる」

発信方法が正反対の二人の「言葉の人」

同リーグで監督として3年を過ごした二人だが、会話をすることは少なかった。野村が毒づいたり舌戦を仕掛けても、王はいつも明るくサラリとかわしていた。野村の〝口撃〟を糸口に私が質問をしても、王は反撃してこなかった。

「あっそう、ノムさん、そんなこと言ってた？　ノムさんらしいよね。野村さんはマスコミの扱いが上手だよね。非常に貢献している。しゃべりも面白いし、野球界への貢献度はすごいよ」

じつは内に秘めた熱い感情はマグマのように強いものを持ちながら、立場と状況からそれを表に出さない王。

思ったことを何でも口にして後から悔やむが、その心は繊細で、きめ細かい情を持つ野村。発信の仕方こそ、まるっきり逆の両雄は、きっとお互いのことがうらやましく、また心の底では理解できていたのではないだろうか。

そして自分の発言が、報道陣を通じて世間に大きな影響を与えることもお互いに熟知していた。育った野球環境によって異なる発信方法を選んだだけである。セ・リーグの巨人で常に注目を浴びてきた王だからこそ、あえて控えめに話すようになった。不人気なパ・リーグで注目されることに飢えていた野村だからこそ、強烈な印象を与える言葉を選び、注目を奪っていく。だが言葉を大切にする意識の強さは、ともに同じなのだ。

「ファンと我々の間にあるのがメディア。ファンとの接点になってくれている。ちゃんと対応しなくちゃいけない。それは義務だよ」

ぶっきらぼうだったり投げやりな態度は見たことがない。どんなときにも、王が感じよく報道陣に対応しているのは、その先にいるファンの姿を見ているからである。

名監督は〝生涯現役主義〟

第一線こそ離れたが、いまだに王は現場で戦っている。２００９年３月から始まるＷＢＣの日本代表監督相談役として、今後も野球界に尽力する。〝現役主義〟は変わらない。自らの存在で野球人気を復興し、野球界全体の発展を願っている。そこにあるのは『野球愛』だ。現場主義と野球愛。これもまた野村との共通点である。

「残念だね。王と長嶋、ＯＮといえば、何十年とプロ野球を支えてきた両雄だから、ユニホームを脱ぐというのは寂しい。球界にとっても大変な損失だ。張り合いがなくなる？　そうだなあ。ＯＮに支えられてきたからなあ。一つの時代が終わったという思い。現役時代は〝こんちくしょう〟と思ってやってきた。向こうはエリート、こっちは貧乏人だから……」

野村にとって長年のライバルの二人が、自分の目の前で第一線の現場を退いた。不思議な縁としか言えない。２００１年10月１日、阪神監督として戦った巨人戦は、長嶋にとって監督として指揮をした最後の試合となった。そして今回は王。

「何かの因縁だな。オレにはＯＮが常につきまとう」と苦笑した。

「スーパースターは、なかなかつくれない。人気商売だから人気者がいなくなるのは、大きな損失だよ。王監督が辞めて、オレがやっていていいのかな。そんな思い。帰ってゆっくり考えるよ」

その後ろ姿は寂しげだった。かつての〝ライバル〟が、同じ時代を同じ夢を胸に、ひたすら走ってきた。いまや〝同志〟になった相手を惜しむ思いが透けて見えた。

2

〝ミスタープロ野球〟長嶋茂雄という存在

和食店で見せたライバルへの本音

王と野村。二人の共通点は、もう一つある。「ミスタープロ野球・長嶋茂雄」の存在だ。『打倒・長嶋』である。

そう口に出すか、出さないかの違い。両者が心の中で味わい、感じてきたことは、同じものだった。

野球世界一を決定するWBC。第1回を開催した2006年春、『王ジャパン』は世界一に輝き、日本中を興奮に包み込んだ。興奮がいまだ冷めていなかったその年の6月、福岡の和食店で、WBCについての思い出話で花が咲いた。

「米国での食事なんて、ミールクーポン（食券）が一人100ドル渡されただけだったんだよ。選手は食べるからねえ。体が資本だし…。まっ、ミスターのときとは大違いだったな」

栄光をつかんだ日本代表選手やチームスタッフの〝戦場〟での待遇は、決してよくはなかった。予選では、選手一人当たり1日100ドルのミールクーポンが支給されたのみ。しかも使用できるのはホテル内だけという質素なものだった。ホテル内の食堂の料理は、どれも米国流で味付けが濃く、油っこさがきつかったという。体が資本であるプロ選手にとっては体調の調整から見ても、日本食が恋しくなる環境だった。現地フェニックス在住の日本人ボランティアの善意の炊き出しによって、おにぎりを準備してもらったことが「ありがたかった」と言うほど、恵まれない食事情だった。

一方で『長嶋ジャパン』は、2004年アテネ五輪の際、日本の食材を詰め込んだコンテナを日本から輸送し、日本代表チームはギリシャ・アテネ郊外の一流ホテルを借り切って試合に臨むという豪華版だった。

国内では一人数万円はかかる高級な和食料理店の料理長が同行し、現地で和食を作ってチームにふるまわれた。柔道選手の井上康生や谷亮子も訪れ、舌鼓を打つほどの好環境。

祝勝会用のビールさえ日本から運び込まれた。『王ジャパン』との差は歴然だった。

「でもね、ぼくたちも決勝リーグからはミールクーポンが150ドルに上がったんだよ」

自らの境遇を茶化し、笑い話にしていたが、王が悔しさを感じていたのはすぐに私に伝わった。そして王は、真顔になるとさり気なく付け足すことを忘れなかった。

「それにしても、イチロー君なんて、選手の決起集会で焼肉をふるまったらしいね。彼は数十万円は出したらしいじゃないか」

イチローを中心に、日本代表選手は決起集会を決行した。選手みんなで美味しい焼肉を思う存分食べることで、低待遇の不満を消し去った。これが逆に『王ジャパン』の戦う気持ちを一つにしたのかもしれない。焼肉の代金はイチローのポケットマネーで支払ったという。ピンチをチャンスに変える。不遇を言い訳にはしない。それこそが世界一へとつながったのだ、と王の瞳は語っていた。日本プロ野球組織（NPB）は優勝後、日本代表選手への出場料を、当初予定していた200万円に、世界一になった「ご褒美」として200万円を追加。計400万円を支払うことに決めた。当初150万円だった監督、コーチも増額されて、300万円が渡されたが、王は金額の問題ではなく、与えられた環境の差が気になっていた。

「人気の長嶋、実力の王」

王は現役時代、「長嶋さんにライバル心はなかった」と言う。打者としてタイプが違う、というのがその理由だった。右打ちの長嶋に対して自分は左だし、中距離打者の長嶋に対して自分はホームランバッターだと。だがライバル心がなかったというのは、本当だろうか。

日本新記録の年間55本塁打を放った1964年、王は打順が巡ってくるのが待ち遠しいほど、野球にのめり込んでいた。ただ一つ納得できなかったのが長嶋のことであった。

「一つだけ思うようにならないことがあった。五十五本もホームランを打ちながら、人気という点では、私は長島さん（原文ママ）より劣っていた、この事実は、それ以降も一貫していた。どんなにいい成績をあげても、どんなに打っても、人気という点ではどうしても長島さんを抜けなかったのだ」

王は自伝『回想』ではっきりと、自らの悔しさに言及していた。「長嶋が陽で王は陰」「ユニークな長嶋に真面目な王」「天才長嶋に努力の王」。明るいキャラクターとユニークな発言。長嶋の無邪気な笑顔と対応は、ファンのみならず報道陣さえも魅了した。一方で誰に対しても思いやりを持ち、本塁打を放っても謙虚。発言に面白みはなく真面目。喜びを爆発させることもなく、塁を回っていた王。優等生の王よりも、弾けた笑みで周囲を惹き込む長嶋に、人々がより魅力を感じたのは仕方がなかったかもしれない。

「〝長嶋さんは明るいけど、王は暗い〟とか、昔はよく言われたよ。まっ、こういう話を言えるようになったのは、最近かな。やっぱり、こちら（福岡）へ来てからかな」

長嶋のカリスマ性に憧れと嫉妬を感じながら、ずっと口にできなかった複雑な思い。ホークス監督に就任後、巨人という大きな存在から地理も時間も遠く離れたことで、選手時代を数十年も経て、ようやく王は本音を言うようになっていた。それほど大き過ぎる存在だった証だ。

数字ではない、目に見えないカベ

記録で上回りながら、周囲の評価は「長嶋が上」。やるせない気持ちに、一区切りついた出来事があった。メジャーリーガー以外で初の快挙となる1984年度の『ベーブ・ルース・クラウン賞』を受賞した王は1985年1月11日、米国ボルティモアの授賞式に出席した。日程中、ベーブ・ルースの生家を訪ねると、そこには写真やトロフィーなどが飾られた記念館になっていた。町の人や米国人に、今でもどれだけ彼が愛されて、誇りに思われているかを肌で感じた。ルースの本塁打記録は714本。それに対して、王が抜き去るまで1位だったハンク・アーロンは、当然ルースを上回る755本を打っていた。

「本数を超えても、アメリカのホームラン王は、ベーブ・ルースだな」

その言葉は王の悲しい本音だっただろう。いくら自分が記録を伸ばしても、大衆の心の中のヒーローである長嶋を超えることなどできないのだ、と悟ったのかもしれない。白人で人気チーム、ヤンキースのスター選手だったルースを長嶋に重ね合わせ、黒人として差別されながら記録を抜いたアーロンに、自らの姿を見たのかもしれない。頭で理解できない現実だったが、ライバル心を封印し、王は自らが信じる道を歩んだことで、福岡行きを決めたに違いない。そして自然体で選手や報道陣と接することができるようになった王は、いつしか誰とも比べられることのない独自のスタイルを確立した。欲しかった目に見えないオーラは、いまや王のものである。世の中が王を〝記録の存在〟〝数字の人〟としてのみ、見ることはなくなったのだと信じている。

記憶の長嶋、記録の王

「どうしてなんだ？　野球は力の世界じゃないか、実績がなによりも優先するはずじゃないか」

不満を持った選手時代の王が取った選択は、ごくシンプルで、かつ潔いものだった。人気者に勝つためには、そう、結果を残すしかないのだ。

「スポーツっていうのは記録だろ？　記録で勝っている方が、強いんだ」

記録で長嶋を圧倒しよう。誰にも負けない記録を作って、第一人者になってみせる。そして長嶋人気に対抗しよう。鬼気迫る思いを自伝でもこう記している。

「長島さん（原文ママ）への対抗意識からだった。長島さんがいなかったら、あるいは私の数々の記録は生まれていなかったかもしれない」

王を尊敬するイチローは、そんな王の気持ちに心の底から共感できる数少ない存在かもしれない。長嶋は松井秀喜と、王はイチローと似ているのではないだろうか。

1世紀ぶりにメジャー記録に並んだイチローは、近年の活躍や発言で、松井を圧倒する存在感を見せつけている。カリスマ的人気を誇っているが、日本のプロ野球界でプレーしているときは、記録を作っても、注目されるのは東京に本拠地を持ち、人気球団・巨人のスター選手だった松井にかなわなかった。スポーツ紙の一面を飾る回数は断トツに松井が上回っていた。イチローは現在より人気の低かったパ・リーグのオリックスに所属していた。全国的な人気とは言えなかった。記録で松井を抜いているのに、という忸怩《じくじ》たる気持ちは、王と共通したものだったかもしれない。

海を渡り米国のメジャーリーグへ行った当初も、松井は米国で最も人気とプライドの高いチーム、ヤンキースへ入団。優勝候補の筆頭として注目を集める存在となった。しかし、イチローがメジャー記録を樹立、そしてWBCでの強烈なリーダーシップと世界一達成。どれも松井が成し遂げられなかったものをつかんだとき、そこにはイチローのスタイルがはっきりと打ち出されるようになっていたのだと思う。

人垣が揺れたら、そこには王がいる

巨人の創立50年記念パーティーが1984年、都内のホテルで開催された。出席者は約2500人という大規模なものだったが、会場を見渡した担当記者は、どこに王と長嶋がいるのか、すぐにわかったという。一際大きな人垣があり、その輪がずっと同じ場所にとどまっている。その円の中心には長嶋がいるのだ。一方、同じように人垣があるのだが、それが絶え間なく揺れながら移動している。会場のあちらこちらへ波のように動いていく。その中心にいるのが王なのだ。——人垣は長嶋。人波が動けば王——というわけだ。二人の性格の違いを表した例えといえる。

「2000人の招待客がいたら、王は2000回頭を下げている」と揶揄されるほど、王は積極的に相手と挨拶を交わす。長嶋に比べて知り合いが多いのではない。一度しか会っていない相手やそれほど親しい間柄でなくても、王は自ら挨拶をして回るのだ。もちろん、知らない人に声をかけられれば、同じように頭を下げる。

王と長嶋は現役引退の時点で、二人だけで酒を飲んだことが一度もなかったという。王がプロ入りしたとき、長嶋はすでに雲の上の人だった。

「〝長嶋さん〟と呼ぶのもおそれ多かった」

だがホームラン王と打点王のタイトルを奪取したことで自信を深めた王は、長嶋の名前の一文字を取って、自然と「チョーさん」と呼べるようになっていった。その後、長嶋が巨人監督になったとき、選手だった王は当然、その呼び名を「監督」に改めた。長嶋が監督を退いたあとは「長嶋さん」になったが、いつしか『ミスター・ジャイアンツ』の略称である「ミスター」と言うようになり、現在も尊敬を込めてそう呼んでいる。

スーパースターの生き方

『スーパースター』。王と長嶋は、まさしく日本が誇る人気スター選手だった。その立ち居振る舞い、一挙手一投足が注目された。長嶋が第一期巨人監督になった1975年のオフ、巨人は球団初の最下位という屈辱を味わった。後楽園球場にほど近い後楽園飯店で、王がつぶやいた。

「チョーさんは、原節子でいる方が良かったんだ」

当時を知る担当記者に王が本音を漏らした。原節子は、日本を代表するスター女優である。数々の映画に出演し、その美貌は銀幕を彩る花だった。42歳で女優から引退すると、その後は、公の場には出てこなくなった。〝永遠の処女〟といわれた存在は、姿を見せないことで、いまや〝伝説〟になった。王は、長嶋に〝永遠のスーパースター〟を演じるべきだと感じていたのだろう。

「やはりスーパースターがいなきゃ。スーパースターは、全部露出してはダメ。全部見せてしまうと面白くないだろう？　周囲もスターを引きずり下ろしてはいけないんだよ」

見せ過ぎない。これこそが王がイメージするカリスマのあり方であり、長嶋の生き方だと思っていたのだろう。王は常に自分を客観的に見つめ、自分の役割を意識している。

「ファンにとって、我々はシルエットしか見せちゃいけない。わかり過ぎたら面白くないでしょ？　できるだけメディアに出て、サイン会をするけれど、ぎりぎりのところで止めておくよ」

二人を襲った悲劇

王の監督勇退が決まったとき、元巨人監督である長嶋は、巨人を通じてコメントを発表した。

「本当にお疲れ様でした。（パ・リーグがセ・リーグと人気で肩を並べるようになったことは）王監督の努力があったからこそと思います。二人のいい思い出は2000年の日本シリーズで対決したこと。しばらくはゆっくりしてください」

まずは王の体調を気遣った。ライバルとして戦ってきた二人にとって、皮肉な共通点が、病気である。長嶋が倒れたのは2004年3月4日。緊急入院した結果、脳梗塞と診断された。その夏に本番を控えたアテネ五輪の日本代表監督は断念せざるを得なかった。2年後、今度はもう一人のスーパースター、王を病が襲った。2006年7月5日。胃ガンであることを発表した。体には人一倍気を遣ってきた。30歳からは定期的に人間ドックへ行き、年に2度は胃カメラも飲んでいた。

「でも胃ガンを見つけるには、バリウムも飲まなきゃダメなんだ、と。この10年、バリウムをさぼっていた……、やっていればよかった」

王が倒れた際、「病院へ見舞いに行く」と心配した長嶋は、混乱を避けるために周囲から見舞いこそ止められたが、電話で激励したという。「逆境に強い王さんですから、十分な治療をして、復帰してくれると信じています」と公式コメントも出し、思いやった。

出歩くことが好きでおしゃれを楽しむ長嶋が、容易に歩行ができなくなった。そして「食べることが何よりも大好き。趣味はグルメ雑誌を読むこと」と言ってはばからない〝食道楽〟の王が、胃ガンで胃を全部摘出。好きなものを好きなだけ食べることは、もはやできなくなった。皮肉な病のめぐり合わせに、「どうせ病気にならなければいけなかったなら、両者の病気が逆ならよかったのに…」と嘆息を漏らす往年の野球記者は多い。

「監督というのは大変しんどいよ。体はボロボロだよ。オレがガンを患い、ミスターが脳梗塞。星野（仙一）だって体調を崩しただろ？　オレら3人とも女房に先立たれた。内助の心労はすごいからね。川上さん（哲治、元巨人監督）だって心臓が悪かったしね」

しかしスーパースターの病気は、日本人にある影響を与えているのも事実だ。長嶋は倒れて1ヶ月後には早くもリハビリを開始した。1日2時間、週4日以上の厳しいリハビリに挑んだことで、歩行や言語感覚が驚異的に蘇り、表舞台に出られるまでに回復した。

2005年7月3日の巨人対広島戦で、1年4ヶ月ぶりに公の場に登場した。観客の「ナガシマ」コールに、麻痺している右手ではなく、左手で手を振って応えた。

脳梗塞や脳卒中などで障害や麻痺が残ると、言葉がうまく出てこなかったり、これまでのようなスムーズな動きができなくなる。それをきっかけに人前に出ることを嫌がる人は多い。日常生活に刺激が減ると、脳の活性化や運動機能の低下という悪循環につながってしまう。だが長嶋がスポーツニュースで笑顔を見せたり、テレビ番組でリハビリをする姿を報道させたことで、同じ病気や症状で苦しむ人々に大きな勇気を与えた。

「ミスターが病気になって、自分も胃ガンになったことで、健康診断や検診へ行く人が増えたらしいね。それは良いことだよね」

どんな場面におかれても、物事の明るい面や、ポジティブなところを探す天才が、周囲にもたらした好影響を喜んだ。王の病気が報道されると、同じ世代を中心に、健康に留意したり、健康診断を受ける人が増えたことを、病院関係者から聞いたのだという。この二人のスーパースターの動向は、野球という場所を離れてもなお、大きな影響を及ぼしているのだ。勇気と励まし、パワーを与えてくれる存在になっている。2009年、王は69歳、長嶋は73歳になる。サラリーマンならとっくに会社を定年退職し、悠々自適の生活をしている年代である。だが王は今年、WBCの日本代表監督相談役として多忙である。勇退したソフトバンクホークスでは取締役会長という要職にある。長嶋も巨人終身名誉監督として、機会あるごとにその笑顔を振りまいている。

いつまでも現役でいる。彼らのカリスマ性と、それに甘んじない熱い闘志とチャレンジ精神が、同じ世代の人々に勇気を与えている。彼らの孫世代とも言える20代の若者にとっても、「上司にしたい」「父にしたい」と評価されるゆえんだろう。昭和、平成と二つの時代をまたがり、野球に生きた〝永遠のライバル〟は、衆人環視のもと、今でも切磋琢磨《せっさたくま》し合う。どちらがいなくても成り立たない極上の関係だと言える。

２００４年のアテネ五輪。病に倒れた長嶋に代わりヘッドコーチの中畑清が監督代行を務めたが最後まで正式な監督に就任することはなかった。あくまでも監督は長嶋だった。選手は長嶋のサインが入った大きな日の丸をベンチに掲げて戦った。指揮官が現場に不在でも、あのチームは『長嶋ジャパン』のままだった。そして銅メダルをつかんだ。

「長嶋のあとは王しかいない」。王と長嶋、いわゆる〝ＯＮ〟は、現役選手から巨人監督を経て、日本代表監督にいたるまで、常に長嶋のあとには、必ず王が抜擢される道筋ができている。齢《よわい》70歳前後の両雄にいつまでも頼る野球界が批判されようが、やはり長嶋のあとは、王しかいなかった。

長嶋から受け継いだもの

長嶋の後塵《こうじん》を拝してきたように映る王は、栄光の記録においては長嶋を完全に凌駕《りょうが》している。まずは現役選手の時代、本塁打で世界記録を樹立した。国民栄誉賞を受賞するという最高級の表彰を受けた。セ・パ両リーグ監督で優勝を経験。そして野球世界一を決めるＷＢＣで、見事に世界一を達成してみせた。

アテネ五輪で先に日の丸を背負った長嶋は、王より早く金メダルを獲得するチャンスがあったが、病で断念した。そこに、ライバルに先を越された悔しさはなかった。

その無念はバトンのように王に引き継がれたのだから。〝勝利のピン〟。白いダイヤと赤いルビーを散りばめて日の丸をかたどった豪華なジュエリーピンは、長嶋が五輪でその胸に着けるためにオーダーされた特別な一品だった。

この大切な〝お守り〟を左胸につけた長嶋は2006年3月5日、WBCの1次リーグの韓国戦（東京ドーム）を観戦し、息子・一茂を通じて、そのピンを王に渡した。最高のライバルだからこそ、エールを送れたのだろう。

「王監督に率いられた日本の野球が、世界の野球に変わったことを意味する価値ある勝利でしょう」

王ジャパンが世界一になったとき、長嶋が力強くねぎらったのは、信頼の証であり、無念を晴らしてくれた思いもあったのだろう。長嶋の夢だった金メダルを王は手にしていた。人気の長嶋、実力の王。どちらも相手の持っているものが欲しかったかもしれない。アテネ五輪の地に立つことを夢見て、さらには北京五輪も視野に入れていた長嶋を思うと、そこには王へのうらやましさが垣間見える。

トップこそ情報を開示する

巨人でＶ９時代を達成した名将、川上哲治は、選手に情報公開を徹底させたという。

「自分が苦労して身につけた技術は誰にも見せないし、教えないのが当たり前でしたが、それを隠さずに公開せよ、と私は命令しました。とくにＯＮにはそうさせました。選手たち一人ひとりの間にある垣根が取っ払われて、それが当時のジャイアンツのチームワークの基礎になったと思いますね。その先頭に立ってくれたのがＯＮで、素晴らしい性格の持ち主たちですよ」

川上が評した二人で思い起こされるのはノーブレス・オブリージュという思想である。欧米では貴族や経済的に富める者は、社会に貢献することが義務の一つとされるという考えだ。ボランティアや基金設立など金銭的な授与だけではない。積極的に行動し、よりよい社会にするために奉仕することが求められる。

王と長嶋も、野球界で超一流選手として富める者だったが、惜しげなく技術と野球への愛を伝えていた。「キミたちは野球の伝道師たれ」と長嶋はアテネ五輪の日本代表に熱く語りかけた。長嶋と王の二人は国内リーグの監督として、日本代表監督として野球を盛り上げ、第一線から離れた今も、常に野球界の発展を意識した行動を心がけている。

プロの気構え

プロとは何か。プロの選手とはどんなものなのか。その一つの答を、王は選手に口をすっぱくして伝えていた。王の勇退が決まった後、最後の試合を見届けるために日本へ帰国したマリナーズで活躍する捕手、城島が〝王の教え〟を打ち明けた。

「一生に一度しか球場に来られない人がいる。たとえホームランを打てなくても、自分は試合に出るんだ、という気持ちでいた。おまえにとっては140分の1のゲームであり十何年も経てば2000試合分の1かもしれないけど、今日しか来られない人が、この中にはたぶんいるだろう。その人のためにも出続ける義務が選手にはあるんだよ」

2008年のシーズンは不振で先発出場を何度も外れた城島を支えたのは、この言葉だった。

「言い訳せずに毎試合、準備をして、自分から出られないっていうふうにならないように——。そういうときには、監督の言葉が心の支えになった。投げ出すことは簡単ですけど、同じ162試合を戦っていく。僕のバックには（その思いが）あった」

これこそがファンを思う、ファンを魅了する真のエンターテイナーであり、プロのあり方である。城島は日本のプロ野球選手として初めて、捕手としてメジャーリーグの地に立った。

捕手は他のポジションとは異なり、チームの要だ。サインを出し、投手の感情をうまく盛り上げながら、監督の意思をも伝達しなければならない。言語の壁は他のポジションよりも影響を受ける。母国語ではない英語でコミュニケーションを図るのは、並大抵の努力ではなかったはずだ。くじけそうになる気持ちの中で、城島は王の言葉を反芻していた。

ヒーローとは、『本物のプロ』のことである。

超一流のプロには、共通して流れている〝志〟があった。長嶋は現役の頃、華麗な三振があることを教えてくれた。打席に立てばフルスイング。少し大きめのヘルメットをわざわざ選び、美しく空中を飛ぶように何度も鏡の前で練習を重ねたという。ひざをつき、ヘルメットがズレ落ちる派手な三振に、観客はわいた。

捕球の際も曲芸師のような身のこなしを披露して拍手を浴びた。観客は大喜びだったが、「パフォーマンス」だと苦笑する関係者もいた。だが自分本位で目立つことが長嶋の意図ではなかった。

「大打者だって3割しか打てない。7割は失敗するんです。その7割のときに悔しがらずにヘラヘラしたり、ただ憮然《ぶぜん》としていてもいけない。ファンはすべてを見に来ているんですよ。打てなければ、どうやったらお客さんが喜んでくれるか、プロだったら研究しなきゃ」

スポーツと言えばプロ野球。プロ野球と言えば巨人。巨人と言えば長嶋と王。そんな昭和という時代を、二人は『憧れの存在』として生きてきた。娯楽が少なかった頃、後楽園球場（現・東京ドーム）の巨人戦を見ることは、憧れだった。平均的な人々の生活は決して余裕があったわけではない。仕事に精を出し、休みをあまり取れなかった庶民にとって、高嶺の花であったプロ野球の入場券は宝のように大切だったに違いない。グラウンドで動く生のプロ野球選手を初めて見た。そんなファンが全国から毎日たくさん訪れていた。そしてこの観戦が、人生で最初で最後の機会かもしれない……。長嶋は決意した。

「一生に一度しか、球場に来ない人だっている。だから手抜きなんてできない。その人のために、オレのすべてを出すんだ」

一度でも来られる人は幸せかもしれない。来たくても来られない人がいる。テレビを見ることはおろか、ラジオにかじりついていた人もいるだろう。

だから、せっかく球場に来た人には、たとえ自分がヒットやホームランが打てなくても「球場に来てよかった」「長嶋と王を見られてよかった」と思ってもらいたい。すべてはファンのため、他者のためだった。王と長嶋は同じ思いで戦っていた。

その愛情は一方通行ではなかった。王の勇退が決まった2008年の終盤戦。ホームの福岡で戦った西武戦の左翼席の一角には、200~300人の西武ファンが陣取っていた。その数の少なさに私は、王の歩んできた14年の重みを知った。

1999年に初めて取材に福岡を訪れた当時、ダイエーホークスは発足11年目、王が監督に就任して5年目だった。「やっぱり昔からの福岡の人間にはダイエーなんてなじみがない。西鉄の頃からのファンがいますからね。所沢に行ってしまっても、西武ファンですよ」。中洲にある飲食店で地元の人と野球談義を何度かしたが、積極的なダイエーファンはいなかった。むしろ、西鉄ライオンズとゆかりのある西武に愛着が強い人は多かった。

だが福岡の人は気持ちが温かい。懐に入ってしまえば、家族のようにもてなしてくれる。閑古鳥が鳴いていた春・秋キャンプ。地元から受け入れられず、空席が目立ったホームでの戦い。西武戦となると、外野席は西武ファンが目立っていた時代を経て、いまやホークスは幅広い年代から愛されるチームになった。

40、50代の男性たちはTシャツにジーンズ姿で観戦する。10代の女子学生たちは仲間と一緒にお目当ての選手に声援を送る。赤ちゃんや子供連れの20、30代の若い家族にいたるまで、あらゆる世代に、王の熱意が伝わった表れである。

葛藤を乗り越えて

「マスコミはみんな、ミスターに甘いよな」と現役時代にぼやいた王は、長嶋に憧れていた一人だったのかもしれない。二人の距離が縮まったのは王が巨人監督を解任されたときだった。

「オレだけじゃなくて、ワンちゃんまで」と長嶋は漏らしたという。解任という監督としての挫折を味わったことで、二人の心は近づいたのではないだろうか。

自分流を自然体で見せることで相手を巻き込んだ長嶋。負けん気と誇りで戦いを挑んだ王。お互いに相手を陥れることはしない、フェアな戦いだった。そこに流れているのは、情熱と研ぎ澄まされたプロ意識だろう。

〝スポーツ選手〟の枠を超えていた。かつての教え子で現在はメジャーリーグのレッドソックスで活躍する松坂大輔に対し、母校・横浜高校の監督、渡辺元智は「ＯＮになれ。王さん、長嶋さんのように謙虚さを忘れずに、心技体そろった選手になってほしい」と注文をつけた。そしてアテネ五輪では長嶋のもとで4番・捕手で、王にとってもホークス時代の可愛い教え子である城島は「自分は幸せ。天下のＯＮのもとでやれるなんて、なかなかない」と幸運を誇りにしている。

長嶋と王の現役選手時代を知らない私の友人が、こう言った。

「日本で長嶋と王を嫌いな人はいないでしょう？」

屈託ないその言葉こそ、二人が特別な存在であると物語っている。誰もが引き寄せられる魅力を持った存在が日本のプロ野球界を支え、そして日本を勇気づけてきた。

王にとって、長嶋というカリスマの存在こそ、今の王を形づくった大きな原動力になってきた。長嶋に勝とうと願い世界記録まで樹立した。長嶋が2度目の巨人監督に就任したことで、新天地・福岡を選んだ。長嶋の思いを抱きつつ世界一をつかんだ。そして病に負けない自分になる決意をした。

「長島さん（原文ママ）にめぐり会えたおかげで、私は技術だけでなく闘志や向上心まで養うことができた。そして、それを持続し高めることができた。そういう点からも、長島さんは私にとって本当に貴重で有難い存在だった。両雄並び立たず、という言葉があるが、私たちは並び立ってきた。これも長島さんの徳のおかげだと私は思っている」

現役選手を退いた直後に出版した自伝『回想』で長嶋に感謝をささげてから約30年が経った。時間は流れても、思いは変わっていない。

「ミスターはいつも私のよき手本だった」

長嶋の存在が、王という唯一無二の存在を、作り上げることになったのだろう。第二期巨人監督で指揮していた長嶋に、長年の担当記者が「監督はカッコいいですよね」と嘆息まじりに言ったとき、「長嶋茂雄をやるのも大変なんだよ」と返したという。

王が私につぶやいた言葉と同じであることに、私は驚き、そしてすぐに納得した。そこには計り知れない重圧や責任があったであろう。決して楽しいことばかりではなかったはずだ。だが悲壮感ではなく、役割を演じてきた男の誇り高さ、最大限の努力を払ってきた自負があったはずだ。王の好きな歌は『マイウェイ』。カリスマと呼ばれる運命を背負いながら、自分が信じた道を真っ直ぐに進んできた。人生を切り拓いてきた最高に格好よい見本がいることに、私は世代も性別も関係なく、素直にありがたさを感じていた。

The Road of *the* King **第5章**

王の道

1

よき「父性」が人を変えていく

つまずいたところにこそある宝

世界一を約束されていたわけではない。王の栄誉をまた一つ増やした大会となった第1回のＷＢＣも、始まる前は優勝はおろか、大会運営の成功を危ぶむ声すら小さくなかった。

王はいわば〝貧乏くじ〟を引き受けたのだと囁かれていた。

現役のチーム監督が、代表監督を兼務するのは難しい。大会の開催時期が、国内チームの総仕上げとなるキャンプ終盤から、シーズンの戦い方を見極めるオープン戦と重なり、その間、完全にチームを離れることになるからだ。リスクは大きい。

しかも開催の意味や運営方法も疑問視されていただけに、選手を出す側の各チームや選手自身も不安や疑念を持っていた。日本のプロ野球界に快く協力する態勢はなかった。

それでも王が〝広告塔〟として代表監督を担ったのは「日本の、そして世界の野球発展のため」という思いだ。そして予想どおり、王が監督に就任したことで世間の期待値も一気に上がった。

「最初、WBCが開催されると決まったとき、いろいろな不協和音があって足並みがそろわないようなところがありましたが、日ごとにWBCへの期待が高くなってきているように感じています。きょうの記者発表も、こんなにマスコミの方々が集まるとは想像していなかったので、関心の高さを実感しています」

大会前の会見で、予想以上に集まった報道陣を目にした王が驚くほど、マイナスの状態から『王ジャパン』が始まったことを忘れてはいけない。

野球への愛情と使命感を胸に、そして初めて付けることができた〝日の丸〟を誇りに、チームや大会、世間の関心を、マイナスからプラスへ転じさせた努力を、決して見落としてはいけない。

成功した人をうらやむことは誰にでもできる。だが成功など予想ができない時点で決断し、困難な道を歩み続けてきた過酷さに目を向ける者は少ない。

現役時代の実績や監督としての結果など、自分の存在意義を客観的に見つめ続けてきたことで、王は誰よりも自分が期待されている〝役割〟を意識してきた。そして50年以上夢中になり、いまだに飽くことなく「野球」を心から愛している。

「サッカーのワールドカップだって、今でこそ世界的な大会だが、開催当初はさまざまな問題や反対の声もあったはず。でも、それに屈することなく続けたから大規模な大会になったんだ。WBCも、この第1回を開催することに意義があるんだ」

〝貧乏くじ〟を懸念した関係者に王は反論した。選択はいつもシンプルでぶれない。巨人監督のあと6年のブランクを経て、ダイエーホークスの監督に就任したときも同じだ。

人気を誇るセ・リーグの王者・巨人から、人気も実力も劣るパ・リーグのホークスへ、東京から地方の福岡へ。決断を引き止めた仲間の言葉を聞き入れなかったのは、すべては使命感だった。

自分だけ得をしたり、一人勝ちを狙わない。旨みだけを横取りしない。真っ直ぐに野球を愛する。常に自分が何か役立てないかを真剣に考えて行動に移す。邪念があればできない選択だろう。

「話をされているときの表情とか、あのよどみのない目。真っ直ぐ、この世界で突き進んでこられた雰囲気が、それだけで伝わってくる」

たった一度。ＷＢＣで一緒に戦ったイチローは、その高い洞察力で、一瞬にして王の本質を見抜いた。これこそ王が人生を通して身にまとった空気を端的に表している。

「ホームランの数だけじゃない。記録だけで〝世界の王〟と言われているのでは絶対にない。人柄、器の大きさ、懐の深さというか。そういうことが、〝世界の王〟と言わせている」

イチローが評したように、王は「数字の人」「記録の人」ではない。結果を享受する「雲の上の人」でもなければ、自分の成功ばかり考えて努力した「孤高の天才」でもない。「つまずいたところにこそ、宝物がある」とは米国の神話学者、ジョーゼフ・キャンベルの言葉だが、王はいつも挫折やマイナスから出発してきた。それを努力と挑戦する力を胸に抱いて、行動によって乗り越えてきた。その先にめぐり合ったのが数々の結果に過ぎない。王という人間は、威風堂々としながら、会った人に与える印象は「気さく」「偉ぶらない」という威圧感とは無縁なものだ。剛のパワーではなく、柔らかさや大きさを伝える。真の品格や風格を身につけている証拠であろう。

尊敬されるには理由がある

ＷＢＣ後、ある企業が18歳の新社会人に「尊敬する人物」をアンケートしたところ、１位は「親」、2位には「王監督」が選ばれた。王の現役選手の時代をまったく知らない世代である。ダイエーホークス監督として初優勝した頃、ようやく物心がついた若い世代にも、その抜きん出たリーダーシップは浸透しているのだ。ホークスでの優勝、ＷＢＣ世界一という結果もアンケート結果に影響したであろう。だが、「結果」だけを見て、王にカリスマ性を見出したわけではないはずだ。人は、相手の栄光や実績に感嘆はしても、共感はしない。若者から支持され、尊敬という憧れの感情を抱かせる。つまり「理想の上司」「自分もそうなりたい」と思わせているのは、ピンチや不遇のときの対応にあった。

２００４、２００５年と2年連続で、ホークスはレギュラーシーズン１位だった。従来ならリーグ優勝であった。日本シリーズへも進出できるはずだったが、パ・リーグが導入したプレーオフ制度のため、アドバンテージもないまま短期決戦に敗れて、不運の敗退となった。不公平感がぬぐえない制度について議論が起こったほどだった。

パ・リーグのチームで最多勝利数をマークしながら優勝という言葉を使えず、年間を通じて最も強かったチームに何も栄誉が与えられない疑問。だが監督として年間を通じて戦ってきたことへのやるせなさや不満、責任転嫁や言い訳を、王は決してしなかった。たとえ発展途上でできたルールだとしても、これが野球の盛り上がりにつながるのであれば、と受け入れた。不満ではなく、常に野球界のためにどうか、という大局に視点を置き、客観的な言葉を発信してきた。

ＷＢＣの誤審でも同じ態度だった。問題に対してしっかりと主張はする。だが公式会見と取材で、自らの考えをアサーティブに伝えた後は、すぐさま気持ちを切り替える。これこそが、王が王たるゆえんだ。会見の後、日本の報道陣から、誤審が今後の日本の戦い方や米国との関係に影響を及ぼすかを問われたときも一貫していた。

「たまたま、ああいう試合展開になったから。それはそれとして、横に置こうよ。でもはっきり言って、いい試合だったと思うよ」

あくまでも一人の審判の誤審であって、日本対米国の問題に発展させるべきではないことを強調した。「きょうのことは終わったことだから」と、不満や落ち込みというネガティブな感情を一切引きずらない潔さを見せた。言うべきところではしっかりと発言するが、その後はごねたり不満などは言わない。毅然とした態度に、若者は「理想の上司」の姿を重ね合わせるのだろう。

若者の尊敬する人物の2位になったことを、試合前のグラウンドで告げたときの王の反応は予想どおりだった。自分をほめる事柄にはおもむろに喜びを見せない。「ほお、そう」と穏やかな笑顔でそのデータに目を通すと、1位が誰かを尋ねてきた。「親」であると教えた瞬間、途端に目が輝いて冗舌になった。

「いやあ、そう。それはいい。自分の2位よりも、1位が親というのが嬉しいねえ。この国も、我々がいなくなっても大丈夫だな。働き始めると、自分の思ったとおりにいかないことも学ぶ。そんなときに、親のありがたみとかに気づけるんだろうね」

照れ隠しもあったかもしれない。だが誰よりも礼儀を重んじ、目上の人に敬意を表して生きてきた王だけに、ごく自然にこみあげてきた喜びだった。その嬉しさは、自分へ向けられた尊敬に対するものではなく、親を大切に思う心にこそあったのだろう。

娘への思い

王には娘が3人いる。次女・理恵は、父は小さい頃からしつけに厳しかったと打ち明けた。人への挨拶や礼、感謝の気持ちをきちんと示すことができないと叱られ、ときには鉄拳制裁も辞さない父であったという。

「人の迷惑になるな」「物を大切にしろ」「挨拶はきちんと」といやになるほど言われて育ったという。娘たちがみんな父を自然に「お父さま」と尊敬を込めて呼ぶのは、親の厳しさと温かい愛情を知っているからこそである。

初めて王と対面したのは、高知で行っていたホークスの春季キャンプだった。10年前の1999年の2月。小さい頃からのヒーローに取材できる嬉しさと緊張で体をこわばらせながら、私はどうしても確認したいことがあった。

小学生の頃に読んだ『王貞治物語』という書籍に「王は3人の娘の名前に、〝理〟という漢字を付けた。いつか娘が結婚して姓が変わっても、〝おまえの里は王である〟と残すためにその字を選んだ」というエピソードがあったのだ。娘はそれぞれ理香、理恵、理沙と名付けられた。そのロマンチックな理由が本当なのかを問うと、空を見上げて明るい声で笑った王は〝父親〟の顔をのぞかせた。

「そのとおりですよ。理という文字を使えば、たとえ遠くに暮らすようになっても、自分のルーツを思い出してくれるから」

個性を殺さない育成

ダイエーホークスの黄金期、チーム関係者から頻繁に出てきたのが「うちには王3兄弟がいる」という言葉であった。

長男はしっかり者で面倒見が良い小久保、次男はがむしゃらでひたむきな松中、そしてやんちゃでアグレッシブ、物怖《ものお》じしない三男・城島というわけだ。

王は3人の娘の父親であり、実際の息子はいない。だからこそ彼らは、王にとって野球界の息子のような存在になっていった。

監督に就任した1994年のオフ。ドラフト1位で指名した城島とは、本当の父と息子のような関係だったとチーム関係者の多くが口をそろえる。あるとき、敗戦に激高した城島がロッカールームで椅子を蹴り飛ばしたところ、たまたまドアを開けて入室した王のもとに、椅子が飛んでしまったことがある。

「おまえ、オレに向かって蹴ったのか!」

「違いますよ!　監督に向かってなんて、やっていません!」

言い合いを始めた二人を見て、周囲の選手やチームスタッフは慌てふためいたという。

天下の王に向かって大声で言い返す城島の度胸に、見ていた者は「どうなることかと怖かった」とハラハラしていた。

そんなやんちゃな〝息子〟の物怖じしない姿勢に、王は若き日の自分を重ね合わせていたのかもしれない。巨人に入団した1959年。すでに神様のような存在だった監督の水原茂に対して、選手は近寄りがたさを感じていた。

仕方がなく、新人の王が試合中のベンチで隣に座り始めた。試合の間、わからないプレーについて質問をするなど、物怖じしない態度が大監督からも可愛がられた。いつしか水原の隣は王の〝指定席〟になっていたという。

水原と同様、スーパースターで日本の至宝でもある王に対して、コーチや選手は緊張して接する。それだけに城島の行動は、かつての自分がダブって見えて仕方がなかっただろう。

「去るもの追わず」を実践し、放任主義タイプの王だが、〝息子〟の巣立ちにショックを受けたことがある。

城島のメジャーリーグへの移籍だ。捕手というポジションは育てるのに時間がかかる。投手の配球や試合の組み立てなど、新たな捕手に一から教えなければならない。

グラウンドにおける監督の役割を担うだけに、どの球団でも捕手の選手寿命は長い。チームの要、頭脳であり司令塔なのだ。自身45歳まで現役を続け、「生涯一捕手」の名言を残した楽天監督の野村克也はこう言った。

「捕手というのはなあ、グラウンドで、唯一、違う方向を向いているんや」

他の8選手全員が本塁を見つめている中で、捕手だけが正反対の方向を向いている。仲間と視線が対峙する。まさに異なる視点で戦況を見極めることが求められている。その試合勘を養うのは一朝一夕では成しえない。しかも米国のメジャーリーグへ挑むには、言葉という厚い壁も立ちはだかる。

捕手は投手との連携、監督からの指令伝達など、言葉によるコミュニケーションが欠かせないからだ。当時のメジャーリーグに日本人捕手はいなかったが、城島は毎年オフ、ホークスの契約交渉の席上でポスティングによるメジャー移籍をチームにかけあっていた。答はNOだった。長い間実現できなかった夢だけに、FA権を取得した城島に迷いはなかった。

「けんかをしながら育てたから上手くなった。そりゃ、〝残ってほしいよ〟とは言うけどな。でも喜んで送り出すのは当たり前だろ。だってFAは選手の当然の権利なんだから。

メジャーで通用する姿を見たい」

いつものように相手を尊重しながら、精いっぱい大人の対応を見せて、息子の巣立ちを歓迎して見せた王だったが、ＦＡを取得する前にはさり気なく引き止めを試みていた。

「おまえ、英語できないだろ？　捕手というポジションは、言葉ができないと厳しいぞ」

何気ない言葉で、チーム残留を促した王に、城島はあっさりと返した。

「大丈夫ですよ。日常会話と野球用語はわかりますから」

国内リーグのシーズン中も、空き時間や休息のときを利用して、英会話の本を手に取っていた。意志は固かった。

「じつはあいつ、ちゃんと勉強していたんだな」

城島の移籍が決まった後、王はしんみりと話した。

親にとっては「優等生よりもダメな子のほうが可愛い」という。他の選手とは違い、納得できなければ平気で反論する。何度も言い合いを重ねてきたからこそはぐくまれた絆は、まるで本物の親子のように映り、私は王の寂しさと愛情を感じ取った。

ＦＡ宣言後に王と城島が公式の席で話し合ったのはわずか一度だった。「じゃあ、行ってきます」。そう巣立ちを宣言した息子はその翌日、メジャーリーグ移籍の会見を華々しく行った。

雲の上の人。その雲をかきわけて

「身近にいて、いろんなことを教えてもらった。最初は監督を雲の上の人だと思っていたのですが、だんだん身近な存在に思えるようになりました。そういう気持ちになってみると、王監督みたいな人間、野球人になりたいという思いが、どんどん大きくなる」

ホークスの主軸打者で、第1回WBCでは4番。王の信頼が厚い松中にとって、王は当初、「超人」だった。

だが、ともに泣いて笑ってくれる力強い「父」であると気づいたとき、それは尊敬と理想の存在になっていった。いつか、自分もあんな人になりたい、と。

「何かの道でプロになる」ことに憧れる人が昨今、増えている。

職人やスペシャリストと呼ばれる、その業界や世界を究めたプロフェッショナルのことだ。バブル崩壊後、長く続く不況で企業の正社員数が減ったこと、終身雇用が約束された安泰の時代ではなくなったことにより、「手に職を」「解雇されない技術を」と考えるようになったのだろう。それを後押ししたのが人気グループ、ＳＭＡＰの「世界に一つだけの花」という歌だ。

すべてのことでナンバー1にならなくていい、何か一つ誇れるオンリー1な存在になろう、というメッセージが若者を中心に受けた。プロとは…一つのことに精通し、相手が納得する、安心感を与える、誰をも圧倒する存在感を持つ人であると定義したい。王こそはプロ中のプロとして生きてきた。

「子供のときのように野球を楽しむことができ、そして、その中でプロとしての責任、使命を果たすことができた」

ＷＢＣで世界一になった日の祝勝会で、イチローが日本代表の戦いぶりを振り返った。野球を職業にした瞬間から、プロとして生きる厳しさを味わっている彼らが、野球を始めた幼い頃に持っていた〝楽しむ心〟。この初心を忘れず、プロとしての責任と役割を担う。これこそが、真のプロフェッショナルと言える。

「楽しむ」と「役割」。一瞬、相反するような心の持ち方にこそ、大人の楽しみがつまっているのではないだろうか。ただ楽しいだけではない。ただプレッシャーを感じるのでもない。道を究めることができるプロは、二つの心を同時に持つことを求められていると思う。

息子を迎える父として

自分が育てた可愛い選手が古巣に戻ってくる。小久保のホークス復帰が決定したとき、王ははしゃいでいた。

2003年、ホークスは4年ぶりの日本一を達成。福岡市内で優勝パレードを行った翌日の11月3日。当時のチーム首脳陣の思惑に翻弄されたチームの主力打者、小久保が突然、巨人へ無償トレードに出された。王には事後承諾だった。

球団の決定事項に従うしかない王は、表向きには「巨人で頑張れ」と前向きなメッセージを発信した。実情を知らない世間では「小久保を平気で切るなんて王は非情」と感じた人もいたという。

事実は逆である。

「今回の小久保のトレードに関しては、はらわたが煮えくり返る思いだ」と内心で怒りをあらわにしていた。ホークス選手会も優勝旅行のボイコットを表明するなどチームに不穏な空気が漂う事態の中、王の号令で再度チームが一つにまとまったのは、監督である王が小久保の移籍の件に関与していないことを、選手がわかっていたからに他ならない。

練習の虫として知られ、高いリーダーシップで巨人の選手にも好影響を与えた小久保は、王直伝のプロの真髄を見せて帰ってきた。

「選手に対する気配り、心遣いも素晴らしい方」

胃ガンで入院した王を見舞った小久保はこう漏らした。病室の王は自分の病気のことではなく、小久保の骨折した右手親指のことを案じたのだという。

その年のオフ、FA権を取得した小久保との契約交渉には、病み上がりの王が同席した。ガリガリに痩せた体をおして、わざわざ自分を再獲得するために来てくれた〝父〟の熱い思いに触れたことが、小久保の古巣復帰を決定づけた。復帰会見はホークスへの2度目の入団会見となった。はにかんだ満面の笑みが絆の深さを物語っていた。

2008年10月7日。監督として最後の日、〝息子たち〟が顔をそろえた。故障の小久保、川崎がベンチ入りを志願し、右肩手術を受けた斉藤和巳も一軍に合流した。城島や巨人監督時代の教え子、桑田も駆けつけた。

この日の力投で自身初めての奪三振王を獲った杉内俊哉は「タイトルはいいけど、悔しいですね。何とかして勝ちたかった。プロに入って監督は、王監督の一人だけ。野球の厳しさを教わった」と監督ラスト試合に勝利を贈れなかったことを悔しがった。

王が巨人監督だった1986年、ドラフト1位で巨人入りした桑田は「自分にかかわったすべての人たちに感謝の気持ちを持っていますが、とりわけ、王監督には感謝の気持ちでいっぱいです」と思いを伝えた。11年間指導を受けた城島にとっても、憧れの父であり、理想の存在になっている。

「グラウンドで輝き続けている監督のユニホーム姿を、ぜひ目に焼き付けたくてここへ来ました。やっぱり格好良いですよ。実感しました。ちょっと痩せられたかなと思う。ただ目はギラギラしていますよ。相変わらずだなと思いました。監督のようにユニホームが一番似合う野球人でありたい。本当に格好良い」

「父性」の力

「雲の上の人」というより「信頼できる父親」。王貞治は父性の人である。選手や取材する者、王にかかわるすべての人にとって、彼は「父」なのだ。温かい、深い、広い……

野村は「海」のような懐の深さで包んでくれる。そう、王は海である。長嶋が太陽なら、月。そして王は、穏やかで広い海原のような深みを持つ。打ち寄せる感情や出来事という波に逆らうことなく、今は穏やかな水面をたたえている。

ホークスでの教え子であり、メジャーでも活躍する城島は「僕にとって野球における父親みたいな存在です」と〝第二の父〟であると明言した。WBCが終了して他の選手が帰国する際、「日本のプロ野球の結果が、気になるかもしれないね。これだけ仲間ができると」と寂しげに漏らしたイチローの心にも、王を父とした〝ファミリー意識〟が芽生えていたに違いない。

2

「生きる力」をわき立たせる人

誇りと伝統を生み出す人

『歴史とプライド』。それこそがホークスで、王ジャパンで、王が作りたかった無形の財産だろう。

ＷＢＣが終わった後、「もう少しこんな素晴らしい選手たちと一緒にやりたかった」と名残惜しい気持ちを吐露したイチローに、王は「監督冥利に尽きる」と嬉しさを素直に見せた。優勝直後のグラウンドで、トロフィーを脇にチーム全員で記念撮影したとき、王の左隣を陣取ったイチローは、少年のような無邪気な笑顔を浮かべていた。「少しでも王のそばにいたい」。そんな気持ちが体中からあふれていた。

世界一が決まった瞬間、ベンチからわき起こった声は「みんな、監督を胴上げするんだ！」だったという。米国では行われない日本的な〝喜びの儀式〟で王を称えることを選手どうしで約束しあっていたのだ。

「自分のチームの監督を、絶対世界一の監督にしたいと思って戦った。達成できてものすごく嬉しい。みんなよりも自分のチームの監督ですから！　世界一にしたい、胴上げしたい気持ちがあった」

ＷＢＣで４番を任され、ホークスでも監督と選手という間柄であった松中は、何のてらいもなく、直属の上司に尊敬の念を表した。そこには理想的な上司―部下の関係がある。

王ジャパンの選手たちの言葉を読み解くと、たとえ優勝しなかったとしても、絆は強さを増していたはずだと思える。それは「満足感」である。優勝の報酬は４００万円。金銭では換算できない栄誉には間違いないが、それ以上に精神的な満足や充実感は計り知れない。

最高レベルの実力を持つ選手どうしが、やる気と誇りを持って集った。敗戦も誤審も含めて一丸となって戦い抜いた。組織をまとめてプロジェクトを進行させる際、上司にとって最高の栄誉とは、その結果だけではない。「まだやりたい」「この人のもとでまた働きたい」と部下の心を動かすことである。

そのために上司がやれる仕事は一つしかない。いかに部下を気持ちよく仕事に向かわせるか。これに尽きる。王は、父と息子を題材にした書籍を読みあさって、彼らの心をつかむ努力をしていた。

〝家族〟としてつながれる

巨人で助監督や監督だった頃の王にとって、選手は元同僚であり、弟のような存在だった。この数年、王が率いるチームは、ホークスでも日本代表でも、選手は息子、または孫に近い年齢になっている。

「選手が若い？　そうだね。もう息子という年齢ではないよ。だって取材する記者さんの年齢だって、自分の娘よりも若い人ばかりになったからね」

実の娘より年齢の若い選手に囲まれて指揮を執ってきた王には、野球への愛情に加えて、70歳に近い年齢ながら〝現場〟に立てる喜びも強かった。勇退発表をする直前だった。病気を乗り越えて、目の力強さが以前と同じくらいに鋭く輝きを発していると私が告げると、王は大きくうなずいた。

「やはりこういう年齢になると、仲間や友人が亡くなったりする。仕事を引退した後は、人とのつながりも減る。でもこの仕事をやっていると毎日戦っているからね。50年以上この仕事をやっているわけだから、気の若い選手と一緒に。自分の心の中で感情の揺れ幅がある。喜怒哀楽というか、刺激というか、それが良いんだろうね」

ある意味で、家庭を犠牲にしても野球へ打ち込んできた。ホークスの監督になって14年間、東京の自宅を離れて生活してきた。その間に孫も生まれ、妻が亡くなった。リーグ優勝を逃した2006年のオフ、コーチ辞任を申し出た島田誠に、だからこそ王は辞任の理由を尋ねた。

「なぜ辞めるんだ？　娘さんのことか？　野球をやっていると、自分もずっと娘や家族のことを見る時間がなかった。キミもそうなのか？」

当時、高校3年の島田の娘の状況を気遣った。10年間世話になったけじめを辞める理由にあげた島田に、「おまえが辞めるなら、オレが辞めなきゃいかん。コーチが辞めるとき、監督も辞めていかなくちゃいけないんだ」と目を真っ赤にして、自らの責任を力説した王を押しとどめながら、島田は自分だけでなく、家族も考慮してくれる上司の思いに胸がいっぱいになったと、目を潤ませた。

部下は上司を選べない。とくに上司の「7つのない」が、部下のやる気をそぎ、くさらせる原因になる。

①『ほめない』心が鈍感なのか、自分の成功体験が一番なのか、いつも自分が最も大変だと思いたいのか、または評論家気取りである

②『休まない』長時間の残業を自分がしても、部下にさせていても無頓着

③『夢やビジョンがない』一緒にいて、ワクワクしない人は尊敬されない

④『聴かない』自分の主張ばかりする

⑤『共感しない』相手との接点を探さないから心が通わず一方通行

⑥『尋ねない』「知らない」と言えない。自分の流儀にこだわる頑固者

⑦『自分がない』仕事以外では無趣味、無友人、無愛情

そんなリーダーのもとで働く部下は地獄である。雑誌のアンケートなどで「憧れの上司」に選ばれる王は、謙遜しながら企業で働く上司を思いやった。

「みんなが球場まで足を運んでいなくても、テレビや新聞などを通じて常に戦っているところを見てくれているから、僕には〝上司〟のイメージがあるんじゃないのかな？ 会社で働いている上司の方たちは、頑張っていても（僕のように）見せることができないからですよ」

謙遜しつつ一般企業の上司を思いやった王は、父性と同時に王者の風格も感じさせる。

「すべて多く与えられた者は、多く求められ、多く任された者は、更に多く要求される」と新約聖書『ルカによる福音書』に記されている。王の言葉や行動には、そう思わせる王道が備わっている。

自分の役割を知ると世界は開ける

「本当は、〝3年間はユニホームを着てはいけない〟と医者から言われているんだ」

チーム関係者にポロリと王が漏らしたのが本当の状況だった。それでも王はガンの手術から約7ヶ月でユニホーム姿に戻り、完全復活した。現場に立ちたいという野球への愛、貢献したいという役割意識が、強靭な精神力を奮い立たせ、早期の復帰を実現させた。

世界の野球界でも、王の存在は際立っている。ＷＢＣを開催する米国では、最も知られている〝日本代表〟だった。

サダハル・オーが達成した868号の偉大な記録は、30年以上を経た今も破られていない。挑戦者魂を愛する米国人にとって、母国が誇るメジャーリーガーが挑んでもいまだに超えられない数字を叩き出した存在こそ、真のスーパーヒーローだ。

米国の地元ファンだけでなく、他国の代表選手からも王はサインを求められた。米国の新聞では、メジャーの本塁打王だったハンク・アーロンとともに〝オールドマスター〟（伝説の人）と称えられた。長年続けてきた行動力が、見えないオーラとなり風格になっている。「そんな人に恥をかかせるわけにいかない」。イチローがサムライ魂を揺さぶられたように、王の周囲には自然と人が集まってくる。

「今回の優勝は終わりではなく、始まりです。私たちは次のＷＢＣに責任を持つ立場になった」

第1回のＷＢＣで成し遂げた優勝という〝結果〟を、王は〝始まり〟と位置づけた。結果とは終わりではない。これからの目標や役割への新たな始まりなのだ。常に前を見つめるその精神に、超一流選手であるイチローが惚れ込んだのは当然だろう。

「王監督らしい素晴らしい品格のある発言ですね。今回、監督の発言に重みというか、品格を感じまして、大変勉強になった」

その賛辞は、偉大なる存在の確かさを捉えた秀逸な分析にもなっている。

通算868本塁打、巨人を率いてリーグ優勝、ホークス14年間で3度のリーグ制覇、2度の日本一を達成。指揮官として歴代8位の1315勝。輝かしい記録の果てに、監督として最後の試合は延長12回、4時間7分の熱戦だった。

「生きている限り、野球界に良い形でファンの人に愛してもらえるように、米国との力の差を少しでも埋められるように、僕の力が役に立てばと思います」

ファンへのメッセージは、その人生観をあますことなく伝えていた。

役割を知る。

それは自分を知ることと同義語である。自分は何のために生まれ、なぜこの時代に、この日本の地に生を受けたのか。

何が人の役に立ち、社会に貢献できるのか。自分の夢と社会とをつなぐ絆は何であるのか。人生はそれを探る旅である。

王は自分にとってはそれが「野球」であるといち早く悟った。だからこそホークス監督として単身で乗り込み、消えそうなパ・リーグの灯を点火させた。WBCで日本代表監督を引き受け、野球人気の再興に努めた。そして惜しまれてもホークス監督勇退を決断した。

常に、自分と相手、自分と社会とを連動させて思考する。それは決して特別な人の特権や義務ではない。王のような世界的な偉業や記録達成なども必要ない。自分を知ることで、世界は開ける。自分を知るとは、大人になることでもある。

「大人になる喜び」を見せる

王と接していると、歳を重ねることの充実というものを実感できる。時間と経験を経ることで、見える景色が格段に違うのだと教えてくれる。

「大人になるのはつまらない」

そんな風潮はいつから日本で始まった意識なのだろうか。

大人になるのは本来楽しいはずである。自分が何者なのかをひたむきに追いかけてきた人間が味わえる楽しみなのかもしれない。

責任と役割、夢を考えて実行すること。他者や社会に小さくても貢献すること。愛情や慈しみを発信する場所を見出すこと。自分を大切にし、見失わないこと。それによって人は真の自信に目覚め、使命感や生きがいを獲得する。自分に対する確信を持てる。

大人になることは、何かをあきらめることでもある。

それは見極めるという言葉の方が妥当かもしれない。選択する厳しさがある。

しかしこれを経ることで、人は自分を許すことを覚え、相手を許すことができるようになる。自分を大切に愛することは、相手を愛することと同じだと気づく瞬間を得る。大人になるということは、楽しく嬉しく穏やかな発見の連続でもある。

王の美しいたたずまいは、大人としての人生を楽しんでいることで成り立っていると信じている。

王の道に終わりはない

巨人で5年、ダイエー、ソフトバンクで14年。王の長い監督生活の終わりの舞台はホームの福岡ではなく、仙台だった。

楽天との3連戦。結果がシーズン最下位を決定する試合を、「最後はいい形で終わりたい。決勝戦だから」と位置づけ、勝つことへの執念を最後までたぎらせた。〝最後〟とは、自らの勇退を指していない。チームにとってシーズン最後の戦い、の意である。

どこまでもプロである王にとって、自分の最後に感傷を見出したり、自らの幕引きを彩るための勝利など、一秒たりとも考えなかったはずだ。楽天との第1戦で大敗すると、「ぶざまな負け方」と吐き捨て、怒りを隠さなかった。「あすがラスト？　残りが3試合、2試合、1試合と減っただけ。どうってことない」と私心は切り捨てた。

自身最後の日も、「最後の試合？　そういうのは一切ない」と個人の感傷は見せなかった。敗戦で終わった監督最後の試合。「勝負師として、最後を勝利で飾れなかったのが、悔いが残る」と悔しがった。

最後までプロとして生きた。自分の感傷など捨て去る。「野球が大好き」と公言するからこそ、指揮官としての役割を演じきった。

チームは完封負けで12年ぶりのシーズン最下位。だが王の歩いてきた道は、いつも始まりが悪路だった。万年Bクラスのホークスで「おまえたちを優勝させたいんだ」と熱弁をふるった日、生卵をファンからぶつけられたバスの中で「勝つ姿をファンに見せよう」と思いをぶつけた日。通ってきた道は、決して平坦ではなかったからこそ、その信念の強さが際立っている。

〝父〟の最後の日、けがで戦列を離れていた選手もみんな顔をそろえた。別れの瞬間、そばにいたかったのだろう。7回には左足甲痛の川崎が代打で強行出場。安打は出なかった。9回、左かかと痛の小久保が代打で登場して中飛に仕留められ、12回、松中は併殺打だった。監督通算2507試合目。悔しい黒星だった。〝父の最後の舞台〟を演出できなかった息子たちに、試合後の王は、心を込めて次の言葉を贈った。

「14年間、ホークスのユニホームを着ることができて、本当に幸せだった。厳しく叱りもしたけれど、それはレベルの高い選手になってほしいから。自分に勝てる、誇り高い選手になってほしい。君たちの野球人生はまだまだ続く」

——誇りを持て——。

これが監督として最後の言葉だ。王の道とは、リーダーの道であった。

偶然にもその名はまさに〝王〟＝キングを表す。覚えやすく意味の込もった名前は彼にこそふさわしい。

生み出した栄光にばかり、目を向けてはいけない。輝かしい実績、成績、記録は単なる

「結果」に過ぎない。どの地点から、どんな考えと選択を経て、行動し、這い上がってきたのか。これこそが、王が教えてくれる、一番の宝である。

意外にも人生の〝区切り〟はアウェー続きだった。現役選手の最終戦となった1980年10月20日は広島で迎えた。巨人監督の最後、88年10月4日の地は横浜で、大洋との一戦だった。ホークス監督としての初勝利は1995年4月1日、所沢での西武戦。そして監督最後の地は、楽天の本拠地・仙台になった。

「最後の試合を本拠地で終われるのは運がいい。オレは広島だった。長嶋さんも本拠地。華やかな人には運がある」

だが、敵地の仙台の球場は平日にもかかわらず満員だった。掲げられた横断幕には、『共に歩んだ14年、感動をありがとう』とあった。敵地であることを忘れるくらい、敵チームのファンからも愛されてきた。

それはなぜなのか?

記録や数字を残したからなのか。本塁打の数、優勝回数に人々は熱狂しただけなのか。

それは違う。

人の心を揺さぶる、敵か味方かなんて忘れさせる、もっと大きな存在だったからではなかったか。ときに目に見えないほど細やかな心遣いの積み重ねが、今の存在感をもたらしたのではなかったか。

仙台へ出発する前日の10月3日、ホーム・福岡ドームでの練習後、グラウンドには人だかりができていた。王が最も似合ったホーム用の白いユニホーム姿とは見納めの日だった。コーチや裏方、担当記者らみんなが子供のように少し緊張し興奮していた。

これまで王の身近でかかわってきたすべての人を集めて記念写真を撮影したとき、王は自分の身の回りのことをやってくれていたマネージャーの中山公宏に耳打ちした。

「みんなと写真が撮れてよかったよ。おまえとは最後の最後に、二人で撮ろうな」

ガンのとき、ずっと付き添ってくれた裏方への感謝と愛情を忘れていなかった。言葉と行動で思いを伝えてきた。だから相手は強く揺さぶられる。相手に何をもらうかではなく、相手に何を与えてきたか。それによって自らが満たされ、相手の心にも足跡を残す。

「王貞治をやるのも、けっこう、大変なんだよ」

だから、一人で道を切り拓け。だからこそ、かかわるすべての人に愛を渡せ。シンプルで揺るがずに生きること、それこそが最も難しい。自分へ問い続けながらも歩みを止めない。振り返ると、王の歩んだ道に人が続いている。

あとがき

「今度、王さんの本を出したいんです。野球の本ではなく、ビジネスマンに向けたものを……」

２００８年9月中旬、福岡のグラウンドを訪れた。まさかこの数日後に勇退会見をするとは知らず、だがこのシーズン限りで辞める予感はハッキリと持っていた私は、福岡ドームでのホーム試合前、練習を眺める王にそう伝えた。

「ほお、それはすごいね！　頑張ってね」

王は特徴ある大きな目を大きくし、口をすぼめて驚きの表情を作っておどけると、またいつもの笑みに戻った。そのシンプルな反応に驚いた。「出版の許可をしていない」「取材時間を取るのは難しい」など文句や嫌味を言わない人だとは知りつつも、自分について書かれるのだから、多少の疑問や不安、少しの躊躇《ちゅうちょ》はあるだろうと考えていた。本に関する質問には真摯に答えよう、と少し緊張していた私の心はすぐに解けた。笑顔で一言だけの「了解」に、彼の懐の大きさに改めて感じ入った。

王とはどんな人なのか、その現役時代や解任、苦難の日々を知らない人に伝えたい。〝聖人君子〟だと感じている人に伝えたい。シンプルに。温かみと感謝をベースに、事実と分析は客観的に……。

父を3年前に亡くした私が、王の中に〝父〟を見出した。告別式で花輪をいただいた礼を言うために訪れた神宮球場で、包んでくれた穏やかな目とその腕の大きさに、涙がにじんだ。

人は家族を選べない。

父の温かさを知らない「あなた」のために、父と仲良く交われない「あなた」、これから父になる「あなた」、今まさに父と呼ばれている「あなた」のために、「父とは、こんなに深く温かい存在である」と伝えよう。父性を獲得することは、成長だけではなく喜びでもあると信じている。

ダイヤモンドが持つきらめきではない。王は真珠である。幾重にもまろやかな白で巻かれ、内側から穏やかな輝きを放つ。温かさや優しさ、慈しみをも感じさせる。海の自然がはぐくんできた魅力は、派手ではないが、気高さや無垢な美しさを教えてくれる。他の宝石のように機械で研磨されず、時間をかけて海の中で、自らを熟成させてきた。

人はみんな真珠を探す旅に出るのだと思う。憧れか尊敬を抱かせる「なりたい理想の人」を求める。その存在を自分の核にしっかりと据えて、今度は自らの真珠をゆっくりと育てる旅を続ける。

「王さんはいつも優しく対応してくださる。誰もが〝こう答えてくれると嬉しいな〟と思っていることを言ってくれる。人への気遣いが、すごいですね」

同席した食事中に何気なく漏らした感想に、右横に座っていた王が、一瞬真顔になった。

「王貞治をやるのも、けっこう、大変なんだよ」

プロローグでも紹介したこの言葉を聞いたとき、私は戸惑いを覚え、中途半端な笑みでごまかした。言葉の奥にある重さを感じ、返す言葉を失った。

〝王の役割〟を実践してきた。自分を常に新しく、人には優しく、人生に対して真剣に、目標と夢を持って動く。ファンにとって正しく夢のある存在であろうと〝自己改革〟してきた。小さな行動を積み重ねてきた今、大きく輝くオーラがある。「自分を作るのは自分なのだ」。王の率直な思いが、そう私に教えてくれた。

人は一人で生きられないという。ならば、相手とのかかわりから逃げてはいけない。たとえ傷つけられても、挫折を味わっても、そこで逃げてはいけない。逃げるのは自分のことを信じられないからだ。自分を好きになるために、相手を好きになるために、昨日よりもまた一歩高みへ上るために、大人になることは楽しいと胸を張るために。王は自身の好きな言葉を、人生で実践してきた。

「今日という日は今日しかない」

王という偉大な、だがじつは身近な存在から、学べることはまだたくさんある。

飯田絵美

2009年1月

大好きな野球。愛しい野球。
王にとって、それは愛すべき存在である。

戦いを象徴するユニホームは、誰よりも似合っていた。

喜怒哀楽。人間の持つすべての感情を、この姿で味わってきた。
野球人生50年。濃厚に生きてきた。

ひとつのことを究めるため、あきらめずにもがいてきた人は、
その鎧を脱ぎ捨てるとき、何を一緒に脱いだのだろう。

きっと、心の中で泣いていた。
そして、静かなる満足感に包まれていたはずだ。

王貞治。
すべての世代に尊敬され、愛された男。
日本は、決して彼を忘れない。

写真提供：共同通信社

王貞治──年表

1940年5月20日	東京にて、父・仕福さん、母・登美さんとの間に生まれる、4人兄弟の末っ子
1956年4月	早稲田実業学校に入学、野球部入部
1957年4月	春の選抜大会に4番・投手で出場し、優勝
1957年8月	2年生で夏の甲子園出場。ノーヒット・ノーラン達成
1957年10月	早実は秋季国体（国民体育大会）に選ばれるが、
	王は中華民国（台湾）国籍のためベンチ入りできず
1958年10月4日	巨人と正式契約、背番号「1」
1959年4月11日	7番・一塁手でデビュー、対国鉄、金田正一との対決は2打数2三振1四球
1959年4月26日	右翼へ2ラン、プロ入り27打席目で初安打が第1号本塁打
1962年7月1日	荒川博コーチのアドバイスで一本足打法を試み本塁打
1962年10月7日	入団4年目、初の本塁打王（38本）、打点王（85点）獲得
1963年7月28日	本塁打通算100号
1965年9月19日	本塁打通算200号
1966年12月1日	小八重恭子さんと挙式
1967年7月10日	通算1000本安打を本塁打
1967年8月31日	本塁打通算300号
1969年10月18日	本塁打通算400号
1970年12月4日	米国大リーグ表彰式に招かれ、日本選手初の特別表彰
1972年6月6日	本塁打通算500号

1973年8月4日　2000本安打達成
1973年10月24日　初の三冠王（セ・リーグ）
1974年5月30日　本塁打通算600号
1974年10月15日　2年連続の三冠王
1976年7月23日　本塁打通算700号
1976年10月11日　ベーブ・ルースを抜く本塁打715号
1976年10月24日　日米大リーグが長嶋監督とともに特別表彰を発表
1977年9月3日　世界新記録となる本塁打通算756号
1977年9月5日　初の国民栄誉賞を受賞
1977年10月28日　秋の園遊会にプロ野球選手として初めて招かれる
1978年8月30日　本塁打通算800号
1980年10月5日　21年連続100安打（日本新）
1980年10月12日　本塁打通算868号、19年連続30号の本塁打
1980年11月4日　現役引退記者会見
1981年　巨人助監督に就任
1984年　巨人監督に就任　セ・リーグ3位
1985年　セ・リーグ3位
1986年　セ・リーグ2位
1987年　セ・リーグ優勝
1988年　セ・リーグ2位
1992年8月12日　財団法人世界少年野球推進財団を発足

1994年	野球殿堂入り
1995年	福岡ダイエーホークス監督就任、パ・リーグ5位
1996年	パ・リーグ6位
1997年	パ・リーグ4位
1998年	パ・リーグ3位
1999年	パ・リーグ優勝、日本一
2000年	パ・リーグ優勝、長嶋茂雄の率いる巨人と日本シリーズで対戦、〝ONシリーズ〟で沸く
2001年	パ・リーグ2位
2002年	パ・リーグ2位
2003年	パ・リーグ優勝
2004年	レギュラーシーズン1位もプレーオフでパ・リーグ2位
2005年	レギュラーシーズン1位もプレーオフでパ・リーグ2位、福岡ソフトバンクホークスに球団名変更
2006年 3月20日	第1回WBC日本代表監督として優勝、初代世界一
2006年 7月5日	胃ガン手術を発表
2006年 11月7日	正力松太郎賞を4回目の受賞（4回は最多）
2006年	パ・リーグ3位
2007年	パ・リーグ3位
2008年 9月23日	監督の辞任表明記者会見
2008年 10月7日	監督として最後の公式戦、パ・リーグ6位

【特別協力】

渡部卓（株ライフバランスマネジメント代表）、江尻良文

【協力】

江木園貴（株プレザランス代表）、尾花高夫、加藤康幸、齋藤勇一郎、島田誠、田中イブキ（ユア・コーチ株代表）、とみ善、野村克也、三木智隆（敬称略・五十音順）

【参考文献】

●新聞

産經新聞、サンケイスポーツ、スポーツニッポン、西日本新聞、日刊スポーツ、報知新聞、夕刊フジ、読売新聞

●書籍

『「あの人の下で働きたい」と言わせるリーダーシップ心理学』（菅谷新吾著、明日香出版社）、『王貞治　壮絶なる闘い』（江尻良文著、竹書房）、『回想』（王貞治著、勁文社）、『サーバントリーダーシップ入門』（池田守男、金井壽宏著、かんき出版）、『D・カーネギー　リーダーになるために』（D・カーネギー協会編、山本徳源訳、創元社）、Number（文藝春秋）、『野村の流儀』（野村克也著、ぴあ）、『百年目の帰郷』（鈴木洋史著、小学館）、『リーダーシップ入門』（金井壽宏著、日本経済新聞出版社）

王の道
“王貞治”を演じ切るということ

2009年１月23日　初版第１刷　発行

著　者――――飯田絵美
発行者――――清水能子
発行所――――株式会社メディアファクトリー
〒104-0061
東京都中央区銀座8－4－17
電話　0570－002－001〔カスタマーサポートセンター〕
印刷・製本所――株式会社 光邦

ISBN-978-4-8401-2643-4